聞く 話す 読む

基礎から着実に身につく
中国語

大阪市立大学名誉教授
大内田 三郎 著

 CD付

駿河台出版社

付属のCDには、発音編、及び本文の会話（一）（二）の全てを、ゆっくり、普通の速さで2回収録し、（三）は普通の速さのみ収録しています。

● まえがき ●

　外国語の基礎運用能力を真にのばすには、「聞く」「話す」「読む」「書く」の四つの技能を総合的に学習し、運用することが必要です。この四つの技能は根本的には一つの学習活動の四形態にすぎません。中国語の習熟度・運用能力を評価する中国語検定試験（中検）は毎年3回行われていますが、「聴解」「読解」「話す」「書く」の四つの技能について総合的にチェックしています。この点からも、中国語をどのような方法で学習すべきかが分かると思います。

　本書はこのような観点から、本文で「聞く(CD)」「話す」「読む」の三つの技能をバランスよく学習できるように配慮し、「書く」は中国語作文として「練習問題」の中で取り上げています。

外国語の習得には、基礎からひとつひとつ積み重ねるように適度に繰り返しながら学習し、練習することが大切です。みなさんが、本書を使って中国語の基礎をしっかり身につけて、学力向上に役立てていただけるなら幸甚です。

　なお、本書の刊行に際し、社長の井田洋二氏にお世話になり、また編集の浅見忠仁氏には校正の段階で多大なご協力をいただきました。両氏に対して心から謝意を表します。

2004年4月
著　者

目次

まえがき 3

中国語の発音 6
1. 中国語の音節 6
2. 母音 6
2.1 単母音 6
2.2 複母音 8
2.2.1 二重母音 8
2.2.2 三重母音 9
2.3 鼻母音 9
2.3.1 「n」を伴う鼻母音 9
2.3.2 「ng」を伴う鼻母音 10
2.4 巻舌母音 11
3. 子音 12
3.1 唇音 12
3.2 舌尖音 13
3.3 舌根音 14
3.4 舌面音 15
3.5 巻舌音 16
3.6 舌歯音 17
4. 声調 18
5. 軽声 18
6. 声調の変化 19

第 1 課	你好！（こんにちは。）	20
第 2 課	我们都很好。（私たちはみな元気です。）	25
第 3 課	我学习汉语。（私は中国語を勉強しています。）	30
第 4 課	我买苹果。（私はリンゴを買います。）	36
第 5 課	她很漂亮。（お嬢さんはきれいですね。）	42
第 6 課	我不喝橘子水。（私はオレンジ・ジュースを飲みません。）	48
第 7 課	你家人真多。（ご家族の人数はほんとうに多いですね。）	54
第 8 課	你今天干什么？（あなたは今日何をしますか。）	60
第 9 課	祝你生日快乐！（誕生日おめでとう。）	66
第 10 課	我准备去看电影。（私は映画を見に行くつもりです。）	72
第 11 課	我们可以说汉语。（私たちは中国語で話しましょう。）	79
第 12 課	我很喜欢这个歌。（私はこの歌がとても好きです。）	87
第 13 課	我是坐船来的。（私は船で来ました。）	93
第 14 課	我想出去玩儿。（私は遊びに出かけたいです。）	100
第 15 課	我是从广州来的。（私は広州から来ました。）	107
第 16 課	星期六没有课。（土曜日は授業がありません。）	115
第 17 課	我来看朋友。（私は友達に会いに来ました。）	121
第 18 課	他在阅览室看报。（彼は閲覧室で新聞を見ています。）	127
第 19 課	他今年五十五岁。（彼は今年55歳です。）	135
第 20 課	今天就吃北京菜吧。（今日は北京料理にします。）	143
練習問題解答例		153
索　引		161

中国語の発音

1. 中国語の音節

　中国語は、1字1音で、1字が1つの音節である。
　中国語の音節は、声母と韻母とで構成されている。声母とは音節の始まりの子音をいい、韻母とはその後ろの残りの部分をいう。韻母には韻頭（介母音）・韻腹（主母音）・韻尾（尾音）が含まれ、韻腹は欠くことはできないが、韻頭と韻尾はない場合がある。
　中国語の音節のしくみを"天"（tian）で図示すれば、次のようになる。

声母	韻母		
	韻頭	韻腹	韻尾
T	i	a	n

2. 母音

　中国語の母音は36あり、その構成によって4つに分類される。

2.1 単母音

　単母音は6つある。

a o e i u ü

[a]

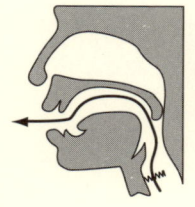

日本語の「ア」よりも口を大きく開き、十分に息を出して「アー」と発音する。

[o] 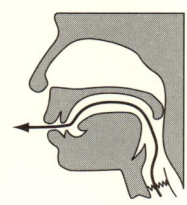 日本語の「オ」よりも唇をまるくして前に突き出し「オー」と発音する。

[e] 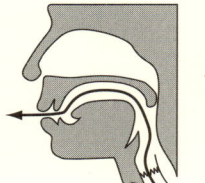 日本語の「エ」を発音するときの口で「オー」と発音する。

[i] 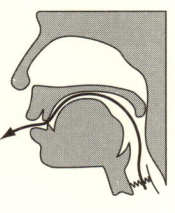 日本語の「イ」よりも唇を左右にひいて「イー」と発音する。

[u] 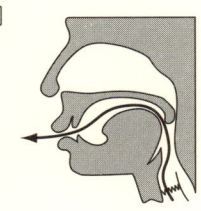 日本語の「ウ」よりも唇をまるくして前に突き出して「ウー」と発音する。

[ü] 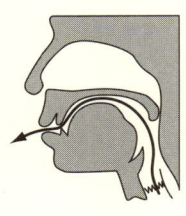  日本語の「ユ」を発音するときの口で「イー」と発音する。

2.2 複母音

複母音は、二重母音と三重母音に分けられる。

2.2.1 二重母音

二重母音は9つある。

ai ei ao ou ia ie ua uo üe

〔ai〕
　韻腹の「a」は強くはっきり、「i」は軽くそえて「アィ」と発音する。

〔ei〕
　韻腹の「e」は強くはっきり、「i」は軽くそえて「エィ」と発音する。

〔ao〕
　韻腹の「a」は強くはっきり、「o」は軽くそえて「アオ」と発音する。

〔ou〕
　韻腹の「o」は強くはっきり、「u」は軽くそえて「オウ」と発音する。

〔ia〕
　「i」は軽く、韻腹の「a」を強くはっきりと発音する。日本語の「ヤー」に近い。

〔ie〕
　「i」は軽く、韻腹の「e」を強くはっきりと「イエ」と発音する。

〔ua〕
　唇をまるくして「u」を軽く発音して、続いて口を大きく開けて「a」を強くはっきり発音する。日本語の「ワ」に近い。

〔uo〕
　唇をまるくして「ウ」を軽く発音し、唇をそのままにして続けて「オ」を強くはっきり発音する。日本語の「ウオ」に近い。

〔üe〕
　「ユ」の口で「イ」を軽く発音し、次に唇を少し開いて強くはっきり「エ」を発音する。

2.2.2 三重母音

三重母音は4つある。三重母音は、韻腹を強くはっきり発音し、他の2つは軽く発音する。

> uai　uei　iao　iou

〔uai〕
唇をまるくして「ウ」を発音し、次に口を大きく開けて「ア」を強くはっきりと発音し、続いて「イ」を軽くそえる。日本語の「ウァィ」に近い。

〔uei〕
唇をまるくして「ウ」と発音し、次に口を開けて「エ」を強くはっきりと発音し、続けて唇を左右にひいて「イ」と軽く発音する。日本語の「ウエィ」に近い。

〔iao〕
唇を左右にひいて「イ」と発音し、続いて口を大きく開けてはっきりと「ア」と発音する。最後に唇をまるくして「オ」を発音する。日本語の「ヤオ」に近い。

〔iou〕
唇を左右にひいて「イ」を発音し、次に唇をまるくして「オ」を強くはっきり発音し、最後に唇を突き出して「ウ」を発音する。日本語の「イオウ」に近い。

2.3　鼻母音

鼻母音は、単母音や二重母音の後に前鼻音「n」か奥鼻音の「ng」を伴う。

2.3.1　「n」を伴う鼻母音

> an　en　ian　in　uan　uen　üan　ün

〔an〕
「ア」を発音して、次に舌の先を上の歯ぐきにつけて「ン」と発音する。日本語の「案内」の「アン」に近い。

〔en〕
　先ず日本語の「エ」を発音し、次に舌の先を上の歯ぐきにつけて「ン」と発音する。日本語の「エン」に近い。

〔ian〕
　先ず唇を左右にひいて「イ」と発音し、次に「エ」を発音する。最後に舌の先を上の歯ぐきにつけて「ン」と発音する。韻腹の「a」は「i」と「n」の間にはさまれて、「a」の口が小さくなるため「エ」に近く発音される。日本語の「イエン」に近い。

〔in〕
　唇を左右にひいて「イ」を発音し、次に舌の先を上の歯ぐきにつけて「ン」を発音する。日本語の「イン」に近い。

〔uan〕
　口をまるくして「ウ」と発音してから、次に口を大きく開けて「ア」と発音する。最後に、舌の先を上の歯ぐきにつけて「ン」と発音する。日本語の「ウァン」に近い。

〔uen〕
　口をまるくして「ウ」を発音してから「エン」を続けて発音する。「ン」は舌の先を上の歯ぐきにつけて発音する。日本語の「ウェン」に近い。

〔üan〕
　先ず「ユ」の口で「イ」と発音し、次に「アン」を続けて発音する。「ン」は舌の先を上の歯ぐきにつけて発音する。日本語の「ユアン」に近い。

〔ün〕
　先ず「ユ」の口で「イ」と発音し、続いて舌の先を上の歯ぐきにつけて「ン」と発音する。日本語の「ユン」に近い。

2.3.2 「ng」を伴う鼻母音

　　ang　eng　ong　iang　ing　uang　ueng　iong

〔ang〕
　先ず口を大きく開けて「ア」を発音し、続いて「ng」を「ン」と発音し

て、息を鼻から出す。日本語の「案外」の「アン」に近い。

〔eng〕

先ず「エ」の口で「オ」を発音し、続いて口を大きく開けて「ン」と発音して、息を鼻から出す。日本語の「オン」に近い。

〔ong〕

先ず口をまるくして「オ」を発音し、続いて口を開けたままで「ン」を発音する。息は鼻から出し、少し長めに発音する。日本語の「オン」に近い。

〔iang〕

先ず唇を左右にひいて「イ」を発音し、すぐに口を大きく開けて「ア」を発音する。最後に口を大きく開けたまま「ン」を発音して、息を鼻から出す。日本語の「イアン」に近い。

〔ing〕

先ず唇を左右にひいて「イ」を発音し、次に口を開けて「ン」を発音して、息を鼻から出す。日本語の「イン」に近い。

〔uang〕

先ず唇をまるくして「ウ」を発音し、続いて口を大きく開けて「アン」を発音して、息を鼻から出す。日本語の「ウアン」に近い。

〔ueng〕

先ず唇をまるくして突き出し「ウ」と発音し、次に「エ」の口で「オ」を発音する。続いて口を大きく開けて「ン」と発音し、息を鼻から出す。日本語の「ウオン」に近い。

〔iong〕

先ず唇を左右にひいて「イ」と発音し、次に唇をまるくして「オ」を発音する。最後に口を開けたまま「ン」を発音して、息を鼻から出す。日本語の「ユオン」に近い。

2.4 巻舌母音

〔er〕

「ア」と「エ」の中間のような音「e」を発音しながら、舌の先を上にそらせて「ル」をそえる。日本語の「アール」に近い。

3. 子音

子音は21あるが、発音する部位によって6種類に分けられる。

	無気音	有気音		
唇音	b (o)	p (o)	m (o)	f (o)
舌尖音	d (e)	t (e)	n (e)	l (e)
舌根音	g (e)	k (e)	h (e)	
舌面音	j (i)	q (i)	x (i)	
巻舌音	zh (i)	ch (i)	sh (i)	r (i)
舌歯音	z (i)	c (i)	s (i)	

子音は、無気音と有気音に分けられる。無気音は息をおさえておだやかに発音し、有気音は口のなかにためた息をいっきに強く出して発音する。
子音だけでは発音はできないので、（　）の中のような母音をつけて発音する。

3.1 唇音

〔b (o)〕
唇を軽く閉じて、口にいっぱい息をためて、息を弱く出しながら「ポー」と発音する。

〔p (o)〕
唇を軽く閉じて、口にいっぱい息をためて、息を強く出しながら「ポー」と発音する。

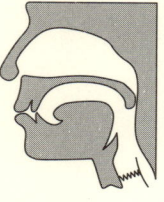
①準備する

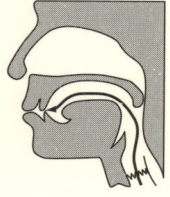
②息をためる

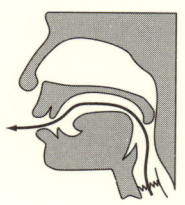
③発声する

中国語の発音

〔m (o)〕
唇を閉じて、息が鼻からぬけるようにして「モー」と発音する。

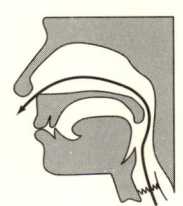

〔f (o)〕
上の前歯を軽く下唇につけて「フォー」と発音する。

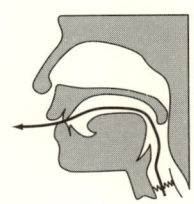

3.2 舌尖音

〔d (e)〕
舌の先を上の歯ぐきにつけ、息をためてから弱く出しながら「トー」と発音する。

〔t (e)〕
舌の先を上の歯ぐきにつけ、息をためてから強く出しながら「トー」と発音する。

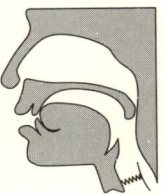 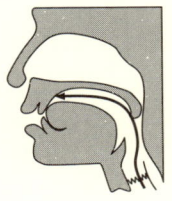 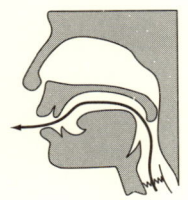

①準備する　　②息をためる　　③発声する

〔n (e)〕

舌の先を上の歯ぐきにつけ、息を鼻から出すように発音する。日本語の「ナ行」の音に似ている。

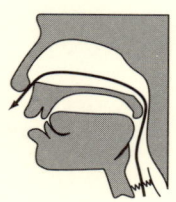

〔l (e)〕

舌の先を上の歯ぐきにつけ、息を舌の両側から出すようにして「ロー」を発音する。

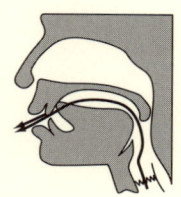

3.3 舌根音

〔g (e)〕

舌の後部をうわあごにつけ、息を弱く出しながら「コー」と発音する。日本語の「カ行」の音に似ている。

〔k (e)〕

舌の後部をうわあごにつけ、息を強く出しながら「コー」と発音する。日本語の「カ行」の音に似ている。

g (e)

k (e)

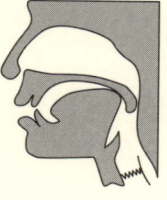 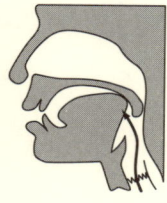 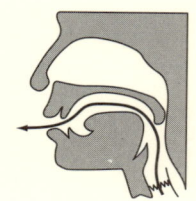

①準備する　②息をためる　③発声する

中国語の発音

〔h (e)〕
舌の後部をうわあごに近づけ、喉の奥から摩擦させながら息を出して「ホー」と発音する。日本語の「ハ行」の音に似ている。

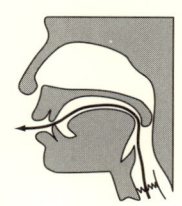

 3.4 舌面音

〔j (i)〕
舌面の前の方をうわあごにつけ、息を弱く出しながら「チー」と発音する。

〔q (i)〕
舌面の前の方をうわあごにつけ、息を強く出しながら「チー」と発音する。

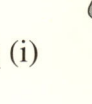
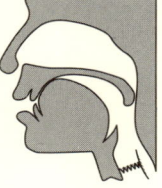
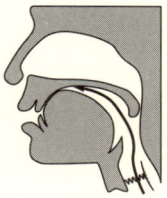
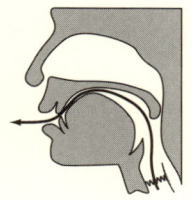

①準備する　　②息をためる　　③発声する

〔x (i)〕
舌面の前の方をうわあごに近づけ、その間を摩擦させながら息を出し「シー」と発音する。

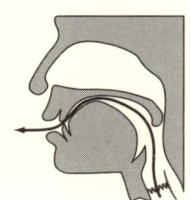

3.5 巻舌音

〔zh (i)〕
舌の先を上にそらしてうわあごにつけ、息を弱く出しながら「チー」と発音する。

〔ch (i)〕
舌の先を上にそらしてうわあごにつけ、息を強く出しながら「チー」と発音する。

zh (i)
ch (i)

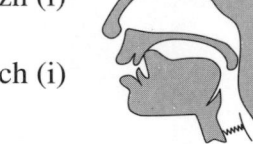 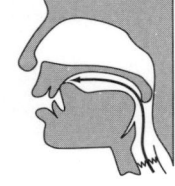 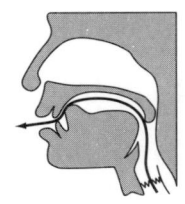

①準備する　②息をためる　③発声する

〔sh (i)〕
舌の先を上にそらして、上あごに近づけ、舌の先とうわあごの間から息を出しながら「シー」と発音する。

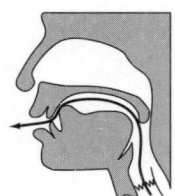

〔r (i)〕
舌の先を上にそらせ、うわあごに近づけ、口の奥の方で「リー」と発音する。

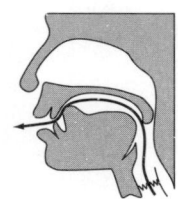

3.6 舌歯音

〔z (i)〕

舌の先を上の歯のうらにつけ、舌の先と歯との間から息を弱く出しながら「ツー」と発音する。

〔c (i)〕

舌の先を上の歯のうらにつけ、舌の先と歯との間から息を強く出しながら「ツー」と発音する。

z (i)

c (i)

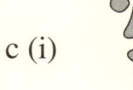 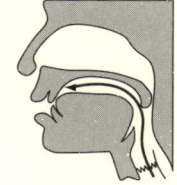 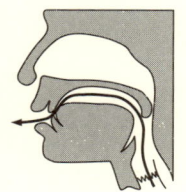

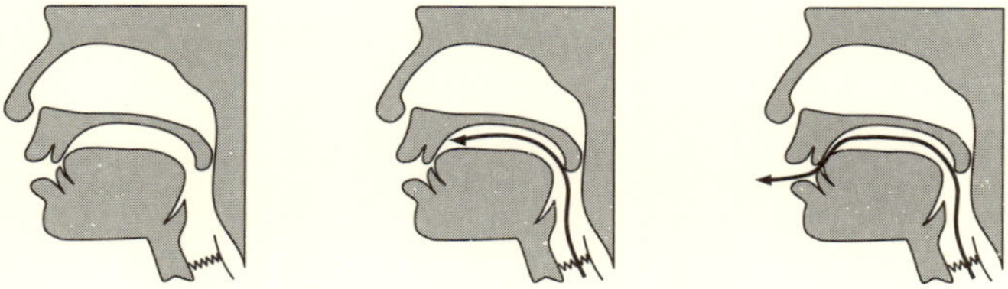

①準備する　②息をためる　③発声する

〔s (i)〕

舌の先を上の歯のうらに近づけ、舌の先と歯の間から息を出して「スー」と発音する。

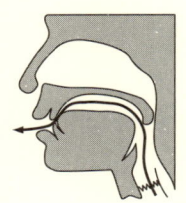

4. 声調

中国語には、どの音節にも一定の抑揚があり、これを声調という。声調には4種類あり、これを四声という。声調の抑揚を図示すると次のようになる。

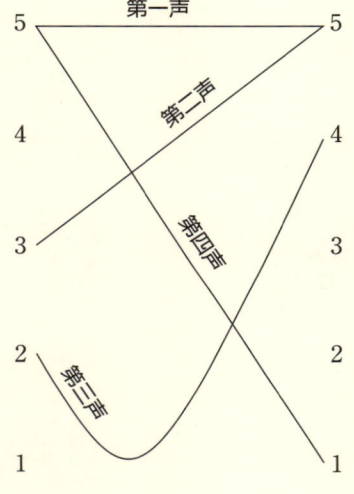

第一声（ˉ）高くて平
mā（吗）母

第二声（´）中ぐらいから急に上昇する
má（麻）麻

第三声（ˇ）いったん下降し、しだいに上昇する
mǎ（马）馬

第四声（`）高いところから急に下降する
mà（骂）叱る。ののしる

5. 軽声

本来の声調を失って軽く弱く発音される音を軽声という。声調符合はつけない。

学生　xuésheng　　椅子　yǐzi　　地方　dìfang（場所）

6. 声調の変化

6.1 "一"の変調

　数詞"一"は、本来第一声だが、"一"の後ろに第四声がくれば、"一"は第二声に変わる。

　　一路　yīlù　　→　yílù（途中）

　また"一"の後ろに第一声・第二声・第三声がくると"一"は第四声に変わる。

　　一心　yīxīn　　→　yìxīn　（一途に）
　　一同　yītóng　→　yìtóng（いっしょに）
　　一起　yīqǐ　　→　yìqǐ　　（いっしょに）

6.2　第三声の変調

　第三声が2つ連続すると、前の第三声は第二声に変わる。

　　很好　hěnhǎo　→　hénhǎo（とてもよい）

6.3　"不"の変調

　"不"は単独では第四声だが、後ろに第四声が続くと第二声に変わる。

　　不要　bùyào　　→　búyào（…してはいけない）

　※CDには変化後の音を収録。

第1課

你 好！
Nǐ hǎo!

（一）

A：你 好！
　　Nǐ hǎo!
　　（こんにちは。）

B：你 好！
　　Nǐ hǎo!
　　（こんにちは。）

（二）

A：张 红，你 好 吗？
　　Zhāng Hóng, nǐ hǎo ma?
　　（張紅さん、お元気ですか。）

B：我 很 好，你 怎么样？
　　Wǒ hěn hǎo, nǐ zěnmeyàng?
　　（私はとても元気です。あなたは如何ですか。）

A：我 也 很 好，老师 怎么样？
　　Wǒ yě hěn hǎo, lǎoshī zěnmeyàng?
　　（私もとても元気です。先生は如何ですか。）

B：老师 也 很 好。
　　Lǎoshī yě hěn hǎo.
　　（先生もとても元気です。）

A：同学们 也 很 好 吗？
　　Tóngxuémen yě　hěn　hǎo　ma?
　　(同級生たちも元気ですか。)

B：同学们 也 很 好。
　　Tóngxuémen yě　hěn　hǎo.
　　(同級生たちもとても元気です。)

ポイント　Point

1．人称代詞

	一人称	二人称	三人称
単数	我（私） wǒ	你（君） nǐ 您（あなた） nín	他（彼） tā 她（彼女） tā
複数	我们（私たち） wǒmen 咱们（私たち） zánmen	你们（君たち） nǐmen	他们（彼ら） tāmen 她们（彼女たち） tāmen

2．你好！

　　日常生活でよく使う挨拶用語。朝・昼・晩いつでも使え、答える方も"你好！"と言う。また"您好！"とも言う。"您"は二人称の敬称。

3．你好吗？

相手の健康状態を尋ねる挨拶用語で「お元気ですか」の意味。

4．吗

"吗"は平叙文の文末につける語気助詞で疑問を表す。
① 你 来 吗？　　（君は来ますか。）
　 Nǐ lái ma?
② 他 忙 吗？　　（彼は忙しいですか。）
　 Tā máng ma?

5．中国語の語順

中国語は一般に主語は述語の前に、述語は主語の後に置く。形容詞が述語になると、その前に程度を表す副詞が用いられる。
① 我 很 好。　　（私はとても元気です。）
　 Wǒ hěn hǎo.
② 他 很 忙。　　（彼はとても忙しい。）
　 Tā hěn máng.

6．也

"也"は副詞で、状況が同じであることを示し、「…も…だ」の意味を表す。
① 我 也 很 好。　　（私もとても元気です。）
　 Wǒ yě hěn hǎo.
② 你 也 来 吗？　　（君も来ますか。）
　 Nǐ yě lái ma?

練習問題

1. 次の文を日本語に訳しなさい。
   ①张红，你好！

   ②同学们好！

   ③王小姐好吗？

   ④李先生怎么样？

   ⑤王老师很好。

2. 次の文を中国語に訳しなさい。
   ①みなさんは如何ですか。

   ②張さんはお元気ですか。

   ③私たちもとても元気です。

   ④先生もお元気ですか。

   ⑤私はとても元気です。あなたは如何ですか。

語 釈

Dì yī kè

- 你【代】nǐ 君、あなた
- 很【副】hěn とても、たいへん
- 也【副】yě …も…だ
- 同学【名】tóngxué 同級生
- 先生【名】xiānsheng …さん
（男性に対する敬称）
- 好【形】hǎo よい、すぐれている
- 怎么样【代】zěnmeyàng どうですか
- 老师【名】lǎoshī 先生、教師
- 小姐【名】xiǎojiě …さん
（未婚の女性に対する敬称）

Dì èr kè

第2課
我们 都 很 好。
Wǒmen dōu hěn hǎo.

(一)

A：妈妈，你们 都 好 吗？
　　Māma, nǐmen dōu hǎo ma?
　　(お母さん、あなたたちはみな元気ですか。)

B：我们 都 很 好。你 怎么样？
　　Wǒmen dōu hěn hǎo. Nǐ zěnmeyàng?
　　(私たちはみな元気です。あなたはどうですか。)

A：我 也 很 好。
　　Wǒ yě hěn hǎo.
　　(私もとても元気です。)

B：你们 老师 好 吗？
　　Nǐmen lǎoshī hǎo ma?
　　(あなたたちの先生はお元気ですか。)

A：我们 老师 很 好。他 非常 喜欢 我们。
　　Wǒmen lǎoshī hěn hǎo. Tā fēicháng xǐhuan wǒmen.
　　(私たちの先生はとてもお元気です。先生は私たちがとても好きです。)

B：学习 忙 吗？
　　Xuéxí máng ma?
　　(勉強は忙しいですか。)

A：学习 非常 忙。 再见, 妈妈！
　　Xuéxí fēicháng máng. Zàijiàn, māma!
　　(勉強はとても忙しいです。では、お母さんさようなら。)

B：再见！
　　Zàijiàn!
　　（さようなら。）

（二）

A・B：老师，您　好！
　　　Lǎoshī, nín hǎo!
　　　（先生、こんにちは。）

C：你们　好！
　　Nǐmen hǎo!
　　（みなさん、こんにちは。）

A：您　身体　好　吗？
　　Nín shēntǐ hǎo ma?
　　（体調は如何ですか。）

C：很　好，谢谢。你们　怎么样？
　　Hěn hǎo, xièxie. Nǐmen zěnmeyàng?
　　（ありがとう。とても元気です。あなたたちはどうですか。）

B：我们　也　很　好。
　　Wǒmen yě hěn hǎo.
　　（私たちはとても元気です。）

C：你们　学习　非常　忙　吗？
　　Nǐmen xuéxí fēicháng máng ma?
　　（あなたたちは勉強がとても忙しいですか。）

A：不　很　忙。
　　Bù hěn máng.
　　（それほど忙しくありません。）

ポイント Point

1. 目的語

　中国語の目的語は通常、述語動詞の後に来る。形容詞述語の後には目的語は伴わない。

① 我　喝　茶。
　　Wǒ　hē　chá.
　　（私はお茶を飲む。）

② 我　喜欢　我们　学校。
　　Wǒ xǐhuan wǒmen xuéxiào.
　　（私は私たちの学校が好きです。）

2. 不很＋形容詞

　"不很"は形容詞の前に用いられると、形容詞の程度がそれほど高くないことを表し、「あまり…でない」という意味になる。

① 不　很　好。　　（あまりよくない。）
　　Bù　hěn　hǎo.

② 不　很　忙。　　（あまり忙しくない。）
　　Bù　hěn　máng.

3. 再见

　"再见"は中国語でよく使われる別れの挨拶で「さようなら」の意味である。

練習問題

1. 次の文を日本語に訳しなさい。
   ①他们不很忙。

   ②你们学校不漂亮。

   ③我们学习非常忙。

   ④老师们都很忙。

   ⑤我们非常喜欢张老师。

2. 次の文を中国語に訳しなさい。
   ①彼らはみんな元気です。

   ②私たちは勉強は忙しくありません。

   ③お母さんは体調があまりよくありません。

   ④私は王さんがとても好きです。

   ⑤私たちの学校はとてもきれいです。

語　釈

- 妈妈【名】māma　お母さん、母親
- 非常【副】fēicháng　非常に、とても
- 学习【動】xuéxí　学習する、勉強する
- 再见　zàijiàn　さようなら
- 身体【名】shēntǐ　体、身体
- 漂亮【形】piàoliang　美しい、きれいである
- 都【副】dōu　みんな、いずれも
- 喜欢【動】xǐhuan　好きである
- 忙【形】máng　忙しい
- 您【代】nín　あなた（二人称の敬称）
- 谢谢　xièxie　ありがとう

第3課

我 学习 汉语。
Wǒ xuéxí Hànyǔ.

（一）

A：你 是 留学生 吗?
　　Nǐ shì liúxuéshēng ma?
　　（あなたは留学生ですか。）

B：是 的, 我 是 日本 留学生。你 是 美国 留学生 吗?
　　Shì de, wǒ shì Rìběn liúxuéshēng. Nǐ shì Měiguó liúxuéshēng ma?
　　（はい、私は日本の留学生です。あなたはアメリカの留学生ですか。）

A：不 是, 我 是 英国 留学生。我 叫 玛丽。你 叫 什么 名字?
　　Bú shì, wǒ shì Yīngguó liúxuéshēng. Wǒ jiào Mǎlì. Nǐ jiào shénme míngzi?
　　（いいえ、私はイギリスの留学生です。私はマリーと言います。あなたの名前は何と言いますか。）

B：我 叫 中村 美佳。
　　Wǒ jiào Zhōngcūn Měijiā.
　　（私は中村美佳と言います。）

A：你 学习 什么?
　　Nǐ xuéxí shénme?
　　（あなたは何を勉強していますか。）

B：我 学习 汉语。你 也 学习 汉语 吗？
　　Wǒ xuéxí Hànyǔ. Nǐ yě xuéxí Hànyǔ ma?
　　（私は中国語を勉強しています。あなたも中国語を勉強していますか。）

A：我 不 学习 汉语，我 学习 中国 文学。
　　Wǒ bù xuéxí Hànyǔ, wǒ xuéxí Zhōngguó wénxué.
　　（私は中国語を勉強していません。中国文学を勉強しています。）

（二）

A：中村 美佳，他 是 谁？
　　Zhōngcūn Měijiā, tā shì shuí?
　　（中村美佳さん、彼は誰ですか。）

B：他 是 王 明强。
　　Tā shì Wáng Míngqiáng.
　　（彼は王明強さんです。）

A：他 也 是 日本 留学生 吗？
　　Tā yě shì Rìběn liúxuéshēng ma?
　　（彼も日本の留学生ですか。）

B：不，他 是 中国 学生。
　　Bù, tā shì Zhōngguó xuésheng.
　　（いいえ、彼は中国の学生です。）

（三）

同学们， 你们 好！ 我 叫 山本 明， 是 日本
Tóngxuémen, nǐmen hǎo! Wǒ jiào Shānběn Míng, shì Rìběn

留学生。 我 学习 汉语。这 是 马丁，美国 留学生，
liúxuéshēng. Wǒ xuéxí Hànyǔ. Zhè shì Mǎdīng, Měiguó liúxuéshēng,

他 也 学习 汉语。他 是 我 同学。这 是 玛丽，英国
tā yě xuéxí Hànyǔ. Tā shì wǒ tóngxué. Zhè shì Mǎlì, Yīngguó

留学生， 她 不 学习 汉语，她 学习 中国 文学。
liúxuéshēng, tā bù xuéxí Hànyǔ, tā xuéxí Zhōngguó wénxué.

我们 学习 都 非常 忙。
Wǒmen xuéxí dōu fēicháng máng.

訳文

　みなさん、こんにちは。私は山本明と言います。日本の留学生です。私は中国語を勉強しています。こちらはマーチンさんです。アメリカの留学生で、彼も中国語を勉強しています。彼は私のクラスメートです。こちらはマリーさんで、イギリスの留学生です。彼女は中国語を勉強していません。中国文学を勉強しています。私たちは勉強がとても忙しいです。

ポイント Point

1. 是的

助詞"的"は肯定の意味を表すことができる。"是的"は肯定の返事をする時に用いられ、「はい、そうです」という意味になる。

2. 特定疑問文

中国語の疑問文の中で、文中に疑問代詞"什么""谁"などを用いて尋ねる形式がある。これを特定疑問文という。この疑問文は疑問代詞が疑問を表すものであるから、必ず答えを求める位置に置く。

① 你 叫 **什么** 名字?
　Nǐ jiào shénme míngzi?
　(あなたの名前は何と言いますか。)

② 你 学习 **什么**?
　Nǐ xuéxí shénme?
　(あなたは何を勉強していますか。)

③ 他 是 **谁**?
　Tā shì shuí?
　(彼は誰ですか。)

④ **谁** 是 你们 的 老师?
　Shuí shì nǐmen de lǎoshī?
　(誰が君たちの先生ですか。)

3. 不

"不"は単独で用いて、相手の話を否定する場合に用いられ、「いいえ」の意味である。また"不是"とも言う。

練習問題 **Lesson**

1. 次の文を日本語に訳しなさい。
   ① 这是上海地图。

   ② 他叫什么名字？

   ③ 我是汉语老师。

   ④ 他不喜欢学习。

   ⑤ 谁是英国留学生？

2. 次の文を中国語に訳しなさい。
   ① 彼は中国の学生です。

   ② 誰が君たちの先生ですか。

   ③ これは私たちの学校です。

   ④ 私は張紅ではありません。

   ⑤ 君たちは何を勉強していますか。

語 釈

- 是【動】shì …だ、…である
- 美国【名】Měiguó アメリカ
- 叫【動】jiào（名前は）…という
- 名字【名】míngzi 名、名前
- 他【代】tā かれ、あの男性
- 留学生【名】liúxuéshēng 留学生
- 英国【名】Yīngguó イギリス
- 什么【代】shénme なに
- 汉语【名】Hànyǔ 中国語
- 谁【代】shuí 誰

第4課

我 买 苹果。
Wǒ mǎi píngguǒ.

（一）

A：您 好, 您 买 什么？
　　Nín hǎo, nín mǎi shénme?
　　（いらっしゃい、何をお求めですか。）

B：我 买 苹果。
　　Wǒ mǎi píngguǒ.
　　（私はリンゴを買います。）

A：买 多少？
　　Mǎi duōshao?
　　（どれくらいお求めですか。）

B：一 公斤。
　　Yì gōngjīn.
　　（1キロです。）

（二）

A：中村 美佳，这 是 我 买 的 橘子，怎么样？
Zhōngcūn Měijiā, zhè shì wǒ mǎi de júzi, zěnmeyàng?
（中村美佳さん、これは私が買ったミカンです。どうですか。）

B：不错。有 多少？
Búcuò. Yǒu duōshao?
（いいですね。どれくらいありますか。）

A：两 公斤。
Liǎng gōngjīn.
（2キロです。）

B：这 橘子 很 大，一共 几 个？
Zhè júzi hěn dà, yígòng jǐ ge?
（このミカンはとても大きいですね。全部でいくつありますか。）

A：一共 二十 个，给 你 一 半，你 要 吗？
Yígòng èrshí ge, gěi nǐ yí bàn, nǐ yào ma?
（全部で20個です。半分あげましょう。いりますか。）

B：好 的。谢谢 你。
Hǎo de. Xièxie nǐ.
（はい、いります。ありがとうございました。）

A：不 客气。
Bú kèqi.
（どういたしまして。）

第4課 Dì sì kè

(三)

今天 是 星期六, 王 红 不 上课。她 要 去 商店,
Jīntiān shì xīngqīliù, Wáng Hóng bú shàngkè. Tā yào qù shāngdiàn,

她 想 买 牛奶 和 面包。她 问 中村 去 不 去。
tā xiǎng mǎi niúnǎi hé miànbāo. Tā wèn Zhōngcūn qù bu qù.

中村 说,她 也 想 去 商店,她 要 买 橘子
Zhōngcūn shuō, tā yě xiǎng qù shāngdiàn, tā yào mǎi júzi

和 苹果。商店 九 点 开门。九 点 半,她们 一起
hé píngguǒ. Shāngdiàn jiǔ diǎn kāimén. Jiǔ diǎn bàn, tāmen yìqǐ

去 商店 了。
qù shāngdiàn le.

訳文

　　今日は土曜日で、王紅さんは授業がありません。彼女は商店に行って、牛乳とパンを買いたいと思っています。彼女は中村さんに行くかどうか尋ねました。
　　中村さんは、自分も商店に行ってミカンとリンゴを買いたいと言いました。商店は９時に店が開きます。９時半に彼女たちは一緒に商店へ行きました。

ポイント Point

1．多少

　"**多少**"は疑問代詞で、数量を尋ねる場合に用いられる。「いくら」「どれほど」などの意味である。
　①你 买 **多少**？
　　Nǐ mǎi duōshao?
　　（あなたはどれくらい買いますか。）
　②你 有 **多少** 钱？
　　Nǐ yǒu duōshao qián?
　　（あなたはお金をどれくらい持っていますか。）

2．几

　疑問代詞"**几**"は数量を尋ねる場合に用いられ「いくら」「いくつ」などの意味を表す。"**几**"は通常、10までの数を予想して尋ねる。

3．好的

　助詞"**的**"は肯定の意味を表すが、"**好的**"と言えば、相手に賛成や同意の気持を示す。

4．不客气

　相手が自分に言った感謝の言葉に答えて"**不客气**"を用いる。「どういたしまして」の意味である。

練習問題 Lesson

1. 次の文を日本語に訳しなさい。
   ①我要三个面包。

   ②我要一本汉语词典。

   ③这是我们学习的学校。

   ④我们班一共十二个学生。

   ⑤我不是中国学生，是日本学生。

2. 次の文を中国語に訳しなさい。
   ①あなたは何がいりますか。

   ②あなたはいくつ買いますか。

   ③これは私が買ったリンゴです。

   ④私はミカン1キロ買います。

   ⑤私は牛乳だけを買い、パンは買いません。

語 釈

- 苹果【名】píngguǒ リンゴ
- 多少【代】duōshao いくら、どれだけ
- 橘子【名】júzi ミカン
- 几【代】jǐ いくつ
- 给【動】gěi やる、与える
- 客气【形】kèqi 遠慮深い
- 上课【動】shàngkè 授業を受ける
- 商店【名】shāngdiàn 商店、店
- 面包【名】miànbāo パン
- 说【動】shuō 言う、話す
- 点【量】diǎn 時（時間の単位）
- 一起【副】yìqǐ 一緒に
- 班【名】bān クラス

- 买【動】mǎi 買う
- 公斤【名】gōngjīn キロ
- 错【形】cuò 間違っている、正しくない
- 一共【副】yígòng 全部で、合計で
- 要【動】yào 欲しい、必要とする
- 星期六【名】xīngqīliù 土曜日
- 去【動】qù 行く
- 牛奶【名】niúnǎi 牛乳
- 问【動】wèn 尋ねる
- 想【動】xiǎng …したい、…するつもりだ
- 开门【動】kāimén 店を開ける
- 词典【名】cídiǎn 辞書

第 5 課
她 很 漂亮。
Tā hěn piàoliang.

（一）

A：刘 先生, 这 是 您 女儿 的 照片 吗?
Liú xiānsheng, zhè shì nín nǚ'ér de zhàopiàn ma?
（劉さん、これはお嬢さんの写真ですか。）

B：是 的。
Shì de.
（はい、そうです。）

A：她 很 漂亮。 叫 什么 名字?
Tā hěn piàoliang. Jiào shénme míngzi?
（お嬢さんはきれいですね。お名前は何と言いますか。）

B：她 叫 刘 丽。
Tā jiào Liú Lì.
（劉麗と言います。）

A：刘 先生, 您 只 有 一 个 孩子 吗?
Liú xiānsheng, nín zhǐ yǒu yí ge háizi ma?
（劉さん、お子さんはお１人だけですか。）

B：不, 我 有 两 个 孩子, 还 有 一 个 是 儿子。
Bù, wǒ yǒu liǎng ge háizi, hái yǒu yí ge shì érzi.
（いいえ、２人おります。もう１人は息子です。）

A：他们 都 上 中学 吗?
Tāmen dōu shàng zhōngxué ma?
（２人とも中学に通っていますか。）

B：不，女孩　上　中学，男孩　上　小学。
　　Bù,　nǚhái shàng zhōngxué, nánhái shàng xiǎoxué.
　　(いいえ、女の子は中学校に通い、男の子は小学校に通っています。)

（二）

A：张　老师，复旦　大学　一共　有　多少　老师？
　　Zhāng lǎoshī, Fùdàn dàxué yígòng yǒu duōshao lǎoshī?
　　(張先生、復旦大学には全部で先生はどれくらいおられますか。)

B：两　千　三　百　多。
　　Liǎng qiān sān bǎi duō.
　　(2,300人余りです。)

A：有　多少　中国　学生？
　　Yǒu duōshao Zhōngguó xuésheng?
　　(中国人の学生はどれくらいいますか。)

B：一　万　两　千　多。
　　Yí wàn liǎng qiān duō.
　　(12,000人余りです。)

A：有　多少　留学生？
　　Yǒu duōshao liúxuéshēng?
　　(留学生はどれくらいいますか。)

B：三　百　八十　多　个。
　　Sān bǎi bāshí duō ge.
　　(380名余りです。)

（三）

刘 老师 是 大学 老师, 他 有 两 个 孩子, 一 个
Liú lǎoshī shì dàxué lǎoshī, tā yǒu liǎng ge háizi, yí ge

男孩, 一 个 女孩。他 的 女儿 非常 漂亮。刘 老师
nánhái, yí ge nǚhái. Tā de nǚ'ér fēicháng piàoliang. Liú lǎoshī

的 儿子 上 小学, 女儿 上 中学。 他们 学习 都 不
de érzi shàng xiǎoxué, nǚ'ér shàng zhōngxué. Tāmen xuéxí dōu bù

很 忙。刘 老师 非常 喜欢 他 的 孩子。
hěn máng. Liú lǎoshī fēicháng xǐhuan tā de háizi.

訳文

　劉先生は大学の先生で、2人の子供がいます。1人は男の子で、1人は女の子です。先生のお嬢さんはとてもきれいです。劉先生の息子さんは小学校に通い、お嬢さんは中学校に通っています。2人とも勉強はそれほど忙しくありません。劉先生は彼の子供がとても好きです。

ポイント

1. 两

　数量詞"**两**"は人や物の数を「2つ」と数える場合に用いる。普通"**两**"の後には量詞が用いられ"**两本书**""**两个人**"のように言う。

2. 多

　"**多**"は数量詞の後に用いて数に端数のあることを示す。数が"**一**"から"**九**"までの数詞に関して"**多**"は量詞(助数詞)の後に置いて"**两公斤多苹果**"のように言う。数が"**十・百・千・万**"の数詞に関して"**多**"は量詞のすぐ前に置いて"**十多个学生**"のように言う。

練習問題

1. 次の文を日本語に訳しなさい。
   ① 刘先生孩子不多。

   ② 我还要一瓶牛奶。

   ③ 这是我儿子的照片。

   ④ 张老师的儿子上中学。

   ⑤ 他们两个人都学习文学。

2. 次の文を中国語に訳しなさい。
   ① 中国は人が非常に多い。

   ② 張さんは子供が多い。

   ③ これは私の母の名前です。

   ④ 彼女にはもう1人息子がいます。

   ⑤ 王さんのお嬢さんは小学校に通っている。

語 釈

- 女儿【名】nǚ'ér 娘
- 只【副】zhǐ ただ、…ばかり
- 孩子【名】háizi 子供
- 还【副】hái さらに、その上に
- 上【動】shàng …へ行く
- 女孩【名】nǚhái 娘

- 照片【名】zhàopiàn 写真
- 有【動】yǒu 持っている、ある
- 两【数】liǎng 2
- 儿子【名】érzi 息子
- 男孩【名】nánhái 息子

第6課
我不喝橘子水。
Wǒ bù hē júzishuǐ.

（一）

A：马丁，喝橘子水吗？
Mǎdīng, hē júzishuǐ ma?
（マーチンさん、オレンジ・ジュースを飲みませんか。）

B：我不喝橘子水。
Wǒ bù hē júzishuǐ.
（私はオレンジ・ジュースは飲みません。）

A：我还有啤酒，你喝吗？
Wǒ hái yǒu píjiǔ, nǐ hē ma?
（ほかにビールがありますが、飲みますか。）

B：喝。
Hē.
（飲みます。）

A：喝多少？两瓶？
Hē duōshao? Liǎng píng?
（どれくらい飲みますか。2本ですか。）

B：不，只要一瓶。我有蛋糕，你吃吗？
Bù, zhǐ yào yì píng. Wǒ yǒu dàngāo, nǐ chī ma?
（いいえ、1本で結構です。ケーキがありますが、食べますか。）

A：谢谢，我不喜欢蛋糕。
Xièxie, wǒ bù xǐhuan dàngāo.
（ありがとうございます。私はケーキが好きではありません。）

Dì liù kè

（二）

A：你 要 什么？
　　Nǐ　yào shénme?
　　（何をお求めですか。）

B：我 要 五 张 八 分 的 邮票，五 个 信封，
　　Wǒ yào wǔ zhāng bā　fēn　de yóupiào, wǔ　ge xìnfēng,
　　还 要 一 张　明信片。
　　hái yào　yì zhāng míngxìnpiàn.
　　（8分の切手を5枚と封筒を5つ下さい。さらに葉書を1枚下さい。）

A：我们 只 有 邮票 和 信封，没有 明信片。
　　Wǒmen zhǐ　yǒu yóupiào　hé　xìnfēng, méiyǒu míngxìnpiàn.
　　（ここには切手と封筒だけはありますが、葉書はありません。）

B：你们 有 上海 旅游 地图 吗？
　　Nǐmen yǒu Shànghǎi lǚyóu　dìtú　ma?
　　（上海観光地図がありますか。）

A：有。 你 要 几 张？
　　Yǒu. Nǐ　yào jǐ zhāng?
　　（あります。何枚いりますか。）

B：我 只 要 一 张。一共 多少 钱？
　　Wǒ zhǐ yào　yì zhāng. Yígòng duōshao qián?
　　（1枚だけ下さい。全部でいくらですか。）

A：一共 九 毛 五。
　　Yígòng jiǔ máo wǔ.
　　（全部で9毛5分です。）

第6課

（三）

我 叫 马丁，是 美国 留学生。我 有 一 个 英国
Wǒ jiào Mǎdīng, shì Měiguó liúxuéshēng. Wǒ yǒu yí ge Yīngguó

同学，她 叫 玛丽。玛丽 很 漂亮，我 很 喜欢 她。
tóngxué, tā jiào Mǎlì. Mǎlì hěn piàoliang, wǒ hěn xǐhuan tā.

我 和 玛丽 都 非常 喜欢 旅游。我 还 有 两 个
Wǒ hé Mǎlì dōu fēicháng xǐhuan lǚyóu. Wǒ hái yǒu liǎng ge

日本 同学，一 个 叫 中村 美佳，一 个 叫 山本
Rìběn tóngxué, yí ge jiào Zhōngcūn Měijiā, yí ge jiào Shānběn

明。中村 美佳 也 很 喜欢 旅游，山本 明 不 很
Míng. Zhōngcūn Měijiā yě hěn xǐhuan lǚyóu, Shānběn Míng bù hěn

喜欢 旅游，他 喜欢 喝 啤酒。
xǐhuan lǚyóu, tā xǐhuan hē píjiǔ.

訳文

　私はマーチンと言います。アメリカからの留学生です。私にはイギリス人のクラスメートがいます。名前をマリーと言います。マリーさんはとてもきれいで、私は大好きです。私とマリーさんは旅行がとても好きです。私にはそのほかに日本人のクラスメートが2人います。1人は中村美佳と言い、もう1人は山本明と言います。中村美佳さんも旅行が好きです。山本明さんは旅行はあまり好きではなく、ビールが好きです。

Dì liù kè

ポイント Point

1．値段の尋ね方

中国語では品物の値段の尋ね方に次の3通りある。
① 苹果多少钱一公斤？
② 苹果一公斤多少钱？
③ 一公斤苹果多少钱？

（リンゴは1キロいくらですか。）

2．お金の数え方

中国の人民元の計算単位は大きい方から"元・角・分"であるが、話し言葉では"块・毛・分"を使う。話し言葉では"毛""分"が一番後にくる時は"四毛五分"が"四毛五"のようによく省略される。

練習問題 — Lesson

1. 次の文を日本語に訳しなさい。

   ①玛丽喜欢牛奶和面包。

   ②我买两张四分的邮票。

   ③只喝牛奶，不喝橘子水。

   ④我有上海旅游地图，你要吗？

   ⑤我要三瓶啤酒，还要两瓶橘子水。

2. 次の文を中国語に訳しなさい。

   ①リンゴは１キロいくらですか。

   ②ビールがありますが、飲みますか。

   ③私は切手とハガキを買います。

   ④２つのケーキは１元４毛です。

   ⑤切手だけありますが、封筒はありません。

語 釈

- 喝【動】hē 飲む
- 啤酒【名】píjiǔ ビール
- 张【量】zhāng 切手を数える量詞
- 信封【名】xìnfēng 封筒
- 旅游【動】lǚyóu 旅行する
- 元（块）【量】yuán (kuài) 貨幣の単位
- 分【量】fēn 貨幣の単位。角（毛）の10分の1

- 橘子水【名】júzishuǐ オレンジ・ジュース
- 蛋糕【名】dàngāo ケーキ
- 邮票【名】yóupiào 切手
- 明信片【名】míngxìnpiàn ハガキ
- 地图【名】dìtú 地図
- 角（毛）【量】jiǎo (máo) 貨幣の単位。元（块）の10分の1

第 7 課

你家人真多。
Nǐ jiā rén zhēn duō.

（一）

A：你 家 有 几 个 人？
　　Nǐ jiā yǒu jǐ ge rén?
　　（ご家族は何人ですか。）

B：我 家 一共 有 八 个 人：爸爸、妈妈、哥哥、
　　Wǒ jiā yígòng yǒu bā ge rén: bàba、māma、gēge、
　　姐姐、弟弟，还 有 两 个 妹妹。
　　jiějie、dìdi, hái yǒu liǎng ge mèimei.
　　（私の家には全部で8人います。父、母、兄、姉、弟、それに妹が2人います。）

A：你 家 人 真 多。
　　Nǐ jiā rén zhēn duō.
　　（ご家族の人数はほんとうに多いですね。）

B：你 家 人 很 少 吗？
　　Nǐ jiā rén hěn shǎo ma?
　　（あなたのご家族は少ないですか。）

A：对，只 有 三 个：爸爸、妈妈 和 我。
　　Duì, zhǐ yǒu sān ge: bàba、māma hé wǒ.
　　（はい、3人だけで、父、母と私です。）

（二）

A：刘 老师 在 家 吗？
Liú lǎoshī zài jiā ma?
（劉先生はご在宅ですか。）

B：请 进！
Qǐng jìn!
（どうぞお入り下さい。）

A：您 好，刘 老师！
Nín hǎo, Liú lǎoshī!
（劉先生、こんにちは。）

B：你 好！这 是 我 的 学生 山本 明。这 是 我
Nǐ hǎo! Zhè shì wǒ de xuésheng Shānběn Míng. Zhè shì wǒ
爱人，姓 王，是 我们 大学 的 文学 老师。
àiren, xìng Wáng, shì wǒmen dàxué de wénxué lǎoshī.
（こんにちは。こちらは私の学生の山本明君です。こちらは家内で王と言います。私たちの大学の文学の教師です。）

A：王 老师，您 好！
Wáng lǎoshī, nín hǎo!
（王先生、こんにちは。）

B：你 好！请 坐。
Nǐ hǎo! Qǐng zuò.
（こんにちは。どうぞお掛け下さい。）

A：谢谢。
Xièxie.
（ありがとうございます。）

（三）

我 叫 王 文英，是 复旦 大学 的 文学 老师。
Wǒ jiào Wáng Wényīng, shì Fùdàn dàxué de wénxué lǎoshī.

我 爱人 姓 刘，是 复旦 大学 的 汉语 老师。我 的
Wǒ àiren xìng Liú, shì Fùdàn dàxué de Hànyǔ lǎoshī. Wǒ de

学生 都 是 中国 学生，没有 留学生。我 爱人 的
xuésheng dōu shì Zhōngguó xuésheng, méiyǒu liúxuéshēng. Wǒ àiren de

学生 都 是 留学生，没有 中国 学生。
xuésheng dōu shì liúxuéshēng, méiyǒu Zhōngguó xuésheng.

訳文

　私は王文英と言います。復旦大学の文学の教師です。私の夫は姓は劉で、復旦大学の中国語の教師です。私の学生はすべて中国人の学生で、留学生はいません。私の夫の学生はすべて留学生で、中国人の学生はいません。

ポイント Point

1. 主述述語文

　主述句が述語になった文を主述述語文という。この文は、文の主語（大主語）となる人や物が述語となる主述句の主語（小主語）と関係をもつか、又はその一部をなしている。例えば"**你家人真多**"を表に示すと次のようになる。

大主語	述　語	
	小主語	述語
你　家	人	真　多
他	身体	很　好

小主語"**人**"は大主語"**你家**"の構成員で両者は深い関係がある。

2. 接続詞"和"

　接続詞"**和**"は人や物を並列する時に用いられ"**老师和学生**""**橘子和苹果**"などのように名詞と名詞の間に用いられる。また3つ以上並列される"**爸爸、妈妈和我**"のような場合は"**和**"は最後に用いられる。

3. 没有

　所有や存在を表す動詞"**有**"は否定される場合は"**没**"を前において"**没有**"とする。"**不有**"とは言わない。

練習問題

1. 次の文を日本語に訳しなさい。
   ① 你爸爸真好！

   ② 你爱人在家吗？

   ③ 中村美佳不在学校。

   ④ 喜欢旅游的人不少。

   ⑤ 他是我们大学的文学老师。

2. 次の文を中国語に訳しなさい。
   ① 王さんは在宅です。

   ② 彼の家族は人が少ない。

   ③ どうぞオレンジ・ジュースをお飲み下さい。

   ④ 彼の部屋はとても大きい。

   ⑤ 君たちの先生はほんとうにすばらしい。

語 釈

- 家【名】jiā 家庭
- 姐姐【名】jiějie 姉
- 妹妹【名】mèimei 妹
- 和【接】hé …と
- 进【動】jìn 入る
- 坐【動】zuò 腰をかける、座る

- 哥哥【名】gēge 兄
- 弟弟【名】dìdi 弟
- 真【副】zhēn 確かに、本当に
- 请【動】qǐng どうぞ（…して下さい）
- 爱人【名】àiren 夫、妻（配偶者）

第8課 你今天干什么?
Nǐ jīntiān gàn shénme?

(一)

A：玛丽，你今天干什么？
Mǎlì, nǐ jīntiān gàn shénme?
（マリーさん、あなたは今日何をしますか。）

B：学习。
Xuéxí.
（勉強します。）

A：上午、下午都学习吗？
Shàngwǔ, xiàwǔ dōu xuéxí ma?
（午前と午後、勉強しますか。）

B：对。今天上午、下午都有课。
Duì. Jīntiān shàngwǔ, xiàwǔ dōu yǒu kè.
（はい。今日の午前と午後授業があります。）

A：晚上你干什么？还看书吗？
Wǎnshang nǐ gàn shénme? Hái kàn shū ma?
（夜何をしますか。また本を読みますか。）

B：今天晚上不看书，看电视。
Jīntiān wǎnshang bú kàn shū, kàn diànshì.
（今晩は本を読みません。テレビを見ます。）

（二）

A：玛丽，我有两张电影票。给你一张，要吗？
Mǎlì, wǒ yǒu liǎng zhāng diànyǐngpiào. Gěi nǐ yì zhāng, yào ma?
（マリーさん、私は映画の切符を2枚持っていますが、あなたに1枚あげます。いりますか。）

B：什么时候的电影？
Shénme shíhou de diànyǐng?
（何時の映画ですか。）

A：星期天上午十点半。
Xīngqītiān shàngwǔ shí diǎn bàn.
（日曜日の午前10時半のです。）

B：是中国电影吗？
Shì Zhōngguó diànyǐng ma?
（中国の映画ですか。）

A：不，是美国电影。你看吗？
Bù, shì Měiguó diànyǐng. Nǐ kàn ma?
（いいえ、アメリカの映画です。あなたは見ますか。）

B：好，给我一张。
Hǎo, gěi wǒ yì zhāng.
（はい、1枚下さい。）

（三）

今天 是 星期五。今天 上午 我们 上 汉语 课,
Jīntiān shì xīngqīwǔ. Jīntiān shàngwǔ wǒmen shàng Hànyǔ kè,

下午 我们 没有 课。今天 中午 我 同屋 玛丽 给 我
xiàwǔ wǒmen méiyǒu kè. Jīntiān zhōngwǔ wǒ tóngwū Mǎlì gěi wǒ

一 张 电影票。下午 三 点 半, 我 和 玛丽 看
yì zhāng diànyǐngpiào. Xiàwǔ sān diǎn bàn, wǒ hé Mǎlì kàn

电影。我们 看 一 个 日本 电影。晚上 我 看
diànyǐng. Wǒmen kàn yí ge Rìběn diànyǐng. Wǎnshang wǒ kàn

电视, 玛丽 不 看 电视, 她 看 书。
diànshì, Mǎlì bú kàn diànshì, tā kàn shū.

訳文

　今日は金曜日です。今日は午前は中国語の授業がありますが、午後は授業がありません。今日の正午、ルームメートのマリーさんが私に映画の切符を一枚くれました。午後3時半のもので、私とマリーさんは映画を見ます。私たちは日本の映画を見ます。夜、私はテレビを見ますが、マリーさんはテレビを見ないで、本を読みます。

ポイント / Point

1．時間の表し方

中国語の時間の言い方は、基本的には単位として"点"と"分"を使う。

① 十 点 十 分　　　（10時10分）
　 Shí diǎn shí fēn

② 六 点 二十四 分　（6時24分）
　 Liù diǎn èrshísì fēn

2．曜日の表し方

曜日の名称は、"星期"のすぐ後に数詞"一"から"六"を用いて表す。日曜日は"星期天（日）"。

星期一	xīngqīyī	（月曜日）
星期二	xīngqī'èr	（火曜日）
星期三	xīngqīsān	（水曜日）
星期四	xīngqīsì	（木曜日）
星期五	xīngqīwǔ	（金曜日）
星期六	xīngqīliù	（土曜日）
星期天（日）	xīngqītiān (rì)	（日曜日）

曜日・時間を併せて示す場合は単位の大きい方を前に置く。

星期天　上午　十　点　半。　（日曜日午前10時半）
Xīngqītiān shàngwǔ shí diǎn bàn.

星期六　晚上　八　点　十　分。（土曜日夜8時10分）
Xīngqīliù wǎnshang bā diǎn shí fēn.

練習問題

1. 次の文を日本語に訳しなさい。
   ①今天是星期几？

   ②星期天晚上看电视。

   ③他什么时候到上海？

   ④星期四下午上什么课？

   ⑤你买什么时候的电影票？

2. 次の文を中国語に訳しなさい。
   ①今日は土曜日です。

   ②今日午前に授業に出ます。

   ③君はどんなパンがいりますか。

   ④土曜日の晩はテレビを見ますか。

   ⑤私たちは8時の映画を見ます。

語　釈

- 干【動】gàn　する、やる
- 今天【名】jīntiān　今日
- 下午【名】xiàwǔ　午後
- 晚上【名】wǎnshang　夕方、夜
- 电视【名】diànshì　テレビ
- 时候【名】shíhou　(…の)時、ころ
- 星期五【名】xīngqīwǔ　金曜日

- 对【形】duì　正しい
- 上午【名】shàngwǔ　午前
- 课【名】kè　授業
- 书【名】shū　本
- 电影票【名】diànyǐngpiào　映画のチケット
- 星期天【名】xīngqītiān　日曜日
- 同屋【名】tóngwū　ルームメート

第9課
祝你生日快乐！
Zhù nǐ shēngri kuàilè!

(一)

A：今天几号？
Jīntiān jǐ hào?
（今日は何日ですか。）

B：今天八月十二号。
Jīntiān bā yuè shí'èr hào.
（今日は8月12日です。）

A：明天是山本同学二十一岁生日。
Míngtiān shì Shānběn tóngxué èrshíyī suì shēngri.
（明日は山本君の21歳の誕生日です。）

B：明天也是我的生日。
Míngtiān yě shì wǒ de shēngri.
（私の誕生日も明日です。）

A：你也是二十一岁吗？
Nǐ yě shì èrshíyī suì ma?
（あなたも21歳ですか。）

B：不，我二十三岁。
Bù, wǒ èrshísān suì.
（いいえ、私は23歳です。）

A：祝你生日快乐！
Zhù nǐ shēngri kuàilè!
（誕生日おめでとう。）

B：谢谢。
　　Xièxie.
　　（ありがとう。）

（二）

A：老师，您好！我是新来的日本留学生，我叫高木惠，到您的班学习，请多多关照。
　　Lǎoshī, nín hǎo! Wǒ shì xīn lái de Rìběn liúxuéshēng, wǒ jiào Gāomù Huì, dào nín de bān xuéxí, qǐng duōduo guānzhào.
　　（先生、こんにちは。私は新しく来た日本の留学生で、高木惠と言います。先生のクラスで勉強しますので、どうぞよろしくお願いします。）

B：欢迎，欢迎！请坐！请喝茶。
　　Huānyíng, huānyíng! Qǐng zuò! Qǐng hē chá.
　　（ようこそいらっしゃいました。どうぞお掛け下さい。お茶をどうぞ。）

A：谢谢。老师，您贵姓？
　　Xièxie. Lǎoshī, nín guì xìng?
　　（ありがとうございます。先生のお名前は何とおっしゃいますか。）

B：我姓刘。我叫刘志公。
　　Wǒ xìng Liú. Wǒ jiào Liú Zhìgōng.
　　（姓は劉で、劉志公と言います。）

A：刘老师，明天有课吗？
　　Liú lǎoshī, míngtiān yǒu kè ma?
　　（劉先生、明日授業がありますか。）

B：明天上午没有课，下午有课。
　　Míngtiān shàngwǔ méiyǒu kè, xiàwǔ yǒu kè.
　　（明日の午前中は授業がありません。午後は授業があります。）

（三）

我 是 新 来 的 日本 留学生，我 叫 高木 惠。
Wǒ shì xīn lái de Rìběn liúxuéshēng, wǒ jiào Gāomù Huì.

我 七 月 二 号 到 上海 复旦 大学，老师 和
Wǒ qī yuè èr hào dào Shànghǎi Fùdàn dàxué, lǎoshī hé

同学们 都 欢迎 我。我 住 二 号 楼 二 零 二
tóngxuémen dōu huānyíng wǒ. Wǒ zhù èr hào lóu èr líng èr

房间，我 同屋 也 是 日本 留学生，她 汉语 非常 好。
fángjiān, wǒ tóngwū yě shì Rìběn liúxuéshēng, tā Hànyǔ fēicháng hǎo.

今天 是 七 月 五 号，是 我 二十 岁 生日。 晚上，
Jīntiān shì qī yuè wǔ hào, shì wǒ èrshí suì shēngri. Wǎnshang,

同学们 都 来 我 的 房间，他们 祝 我 生日 快乐。
tóngxuémen dōu lái wǒ de fángjiān, tāmen zhù wǒ shēngri kuàilè.

我们 喝 啤酒，橘子水，吃 生日 蛋糕。
Wǒmen hē píjiǔ, júzishuǐ, chī shēngri dàngāo.

訳文

私は新しく来ました日本の留学生で、高木恵と言います。私は7月2日に上海復旦大学に着き、先生とクラスメートに歓迎していただきました。私は2号棟の202の部屋に入ることになり、私のルームメートも日本の留学生です。彼女は中国語がとても上手です。今日は7月5日で、私の20歳の誕生日です。夜、クラスメートたちは私の部屋に来て、私の誕生日を祝ってくれます。私たちはビールやオレンジ・ジュースを飲み、バースデーケーキを食べます。

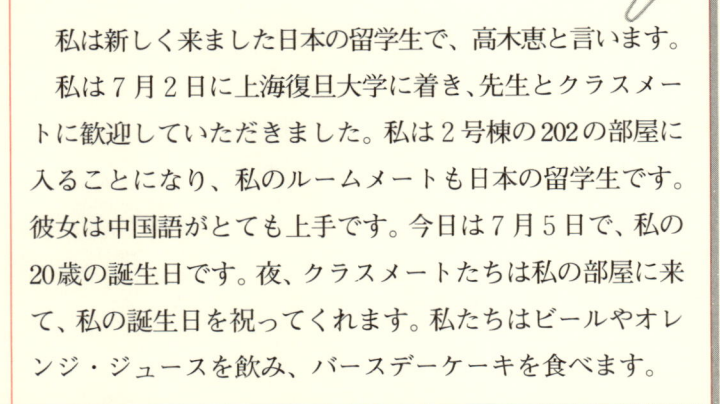

▶ ポイント Point

1．月・日の表し方

中国語の月の名称は、漢数字以外は日本と同じである。

**一月　二月　三月　四月　五月　六月　七月
八月　九月　十月　十一月　十二月**

日付の表し方は、数字の後に"号"または"日"を用いる。"号"は話し言葉で、"日"は書き言葉である。

**一号（日）　　1日　　十五号（日）15日
二十号（日）20日　　三十号（日）30日**

2．連動文（1）

連動文は、述部に2つ以上の動詞を連用し、同じ主語を説明する文を言う。
（我）到 您的班 学习。
(Wǒ) dào nín de bān xuéxí.

この連動文は"到"と"学习"の2つの動詞が連用されており、後の動詞"学习"は前の動詞"到"の目的を表している。「勉強するためにあなたのクラスへ行く」という意味である。

練習問題

1. 次の文を日本語に訳しなさい。
   ① 七月二号星期三。

   ② 这个月我工作很忙。

   ③ 你星期天来北京吧！

   ④ 我到中国学习中国文学。

   ⑤ 有十月一号下午的电影票吗？

2. 次の文を中国語に訳しなさい。
   ① 明日は30日です。

   ② 私は上海に旅行に行きます。

   ③ 君も辞書を1冊買いなさい。

   ④ 今週、私は北京にはいません。

   ⑤ 11月25日は私の誕生日です。

語　釈

- 号【名】hào　日
- 生日【名】shēngri　誕生日
- 快乐【形】kuàilè　愉快である
- 住【動】zhù　住む
- 房间【名】fángjiān　部屋

- 明天【名】míngtiān　明日
- 祝【動】zhù　祈る、心から願う
- 关照【動】guānzhào　面倒をみる
- 楼【名】lóu　建物

第10課
我 准备 去 看 电影。
Wǒ zhǔnbèi qù kàn diànyǐng.

(一)

A：今天 晚上 你 打算 干 什么？
Jīntiān wǎnshang nǐ dǎsuan gàn shénme?
（今晩、あなたは何をするつもりですか。）

B：我 准备 去 看 电影。
Wǒ zhǔnbèi qù kàn diànyǐng.
（私は映画を見に行くつもりです。）

A：别 去 看 电影，咱们 一起 去 跳舞 吧。
Bié qù kàn diànyǐng, zánmen yìqǐ qù tiàowǔ ba.
（映画を見に行かないで、私たちと一緒にダンスをしに行きましょう。）

B：跳舞？ 去 哪儿 跳舞？
Tiàowǔ? Qù nǎr tiàowǔ?
（ダンスですか。どこにダンスをしに行きますか。）

A：学生 俱乐部。今天 晚上 那儿 有 个 舞会，很
Xuésheng jùlèbù. Jīntiān wǎnshang nàr yǒu ge wǔhuì, hěn
多 同学 都 想 去。咱们 也 去 吧。
duō tóngxué dōu xiǎng qù. Zánmen yě qù ba.
（学生クラブです。今晩、あそこでダンスパーティーがありますが、多くのクラスメートは行きたいと言っています。私たちも行きましょう。）

B：好，去 跳舞 吧。
Hǎo, qù tiàowǔ ba.
（はい、ダンスに行きましょう。）

Dì shí kè

(二)

A：你 家 在 什么 地方？
Nǐ jiā zài shénme dìfang?
(あなたの家はどこですか。)

B：我 家 在 外滩。
Wǒ jiā zài Wàitān.
(私の家は「外灘」にあります。)

A：上海 的 外滩 非常 有名。很 远 吗？
Shànghǎi de Wàitān fēicháng yǒumíng. Hěn yuǎn ma?
(上海の「外灘」はとても有名ですね。遠いですか。)

B：不 很 远。
Bù hěn yuǎn.
(それほど遠くありません。)

A：你 坐 公共 汽车 来 学校 吗？
Nǐ zuò gōnggòng qìchē lái xuéxiào ma?
(あなたはバスで学校に来ますか。)

B：不，我 骑 自行车。自行车 快。
Bù, wǒ qí zìxíngchē. Zìxíngchē kuài.
(いいえ、自転車です。自転車の方が速いですから。)

A：坐 公共 汽车 要 多少 时间？
Zuò gōnggòng qìchē yào duōshao shíjiān?
(バスで行くと、どれくらいの時間がかかりますか。)

B：四十 分 钟。
Sìshí fēn zhōng.
(40分です。)

第10課

（三）

上海 的 外滩 是 一 个 非常 有名 的 地方。
Shànghǎi de Wàitān shì yí ge fēicháng yǒumíng de dìfang.

今天 星期天, 我 和 马丁、山本 明 一起 去 外滩。
Jīntiān xīngqītiān, wǒ hé Mǎdīng、Shānběn Míng yìqǐ qù Wàitān.

我们 坐 公共 汽车 去, 坐 公共 汽车 去 外滩 要
Wǒmen zuò gōnggòng qìchē qù, zuò gōnggòng qìchē qù Wàitān yào

四十 分 钟。外滩 很 漂亮, 有 很 多 公共 汽车,
sìshí fēn zhōng. Wàitān hěn piàoliang, yǒu hěn duō gōnggòng qìchē,

很 多 人 骑 自行车。我们 都 很 喜欢 外滩。
hěn duō rén qí zìxíngchē. Wǒmen dōu hěn xǐhuan Wàitān.

訳文

上海の「外灘」はとても有名な所です。今日は日曜日で、私はマーチンさんや山本明君と一緒に「外灘」へ行きます。私たちはバスで行きます。バスですと「外灘」まで40分かかります。「外灘」はとてもきれいで、バスはたくさんありますが、多くの人は自転車です。私たちは「外灘」がとても好きです。

ポイント　Point

1. 別

　否定の意味に用いられる"**別**"は動詞の前に用い、ある動作を禁止したり、やめるように勧めることを表す。

①你 **別** 骑 自行车。
　Nǐ bié qí zìxíngchē.
　（自転車に乗ってはいけない。）

②**別** 买，这 苹果 不 好。
　Bié mǎi, zhè píngguǒ bù hǎo.
　（このリンゴはよくないので、買うのをやめなさい。）

2. 吧

　語気助詞"**吧**"は文末に用いられて相談・提案などの語気を表すが比較的におだやかである。

①咱们 快 点儿 走 **吧**！
　Zánmen kuài diǎnr zǒu ba!
　（私たちは早く出掛けましょう。）

②我们 骑 自行车 去 **吧**。
　Wǒmen qí zìxíngchē qù ba.
　（私たちは自転車で行きましょう。）

3. 連動文（2）

　連用される二つ以上の動詞が一つの主語を説明する文を連動文という。この連動文は前の動詞句が後の動作の手段や方法を表し、文の中では状語（連用修飾語）の役割を果たしている。

①我 坐 飞机 去 中国 了。
　Wǒ zuò fēijī qù Zhōngguó le.
　(私は飛行機で中国へ行った。)

②你 坐 出租 汽车 进 城 吗？
　Nǐ zuò chūzū qìchē jìn chéng ma?
　(あなたはタクシーで町へ行くのですか。)

4．形容詞述語文

　形容詞が述語になった文を形容詞述語文という。この文は、主語の示す人や物の性質や状態がどうであるかを述べる。述語となる形容詞の前に程度副詞"**很**"を用いるのが普通であるが、用いない場合は比較の意味を表す。本文の"**自行车快**"は自転車の方がバスよりも速いという意味になる。

練習問題　Lesson

1. 次の文を日本語に訳しなさい。

    ①你来我这儿坐。

    ②我准备去美国旅游。

    ③我坐公共汽车去学校。

    ④你们一起去看张先生吧。

    ⑤你星期天打算干什么?

2. 次の文を中国語に訳しなさい。

    ①私たちは一緒に食べましょう。

    ②彼らは飛行機で中国に来ます。

    ③私は上海に来て住みたい。

    ④明日あなたは何をするつもりですか。

    ⑤彼は北京に行って働きたいと思っている。

語 釈

- 打算【動】dǎsuan …するつもりだ
- 別【副】bié …するな
- 跳舞【動】tiàowǔ ダンスをする
- 舞会【名】wǔhuì ダンスパーティー
- 外滩【名】Wàitān 上海の黄浦江岸一帯の地名
- 远【形】yuǎn 遠い
- 公共汽车【名】gōnggòng qìchē バス

- 准备【動】zhǔnbèi …するつもりだ
- 咱们【代】zánmen 私たち
- 俱乐部【名】jùlèbù クラブ
- 地方【名】dìfang 場所
- 有名【形】yǒumíng 有名である
- 骑【動】qí （またいで）乗る
- 要【動】yào （時間が）かかる

Dì shíyī kè

第11課
我们 可以 说 汉语。
Wǒmen kěyǐ shuō Hànyǔ.

(一)

A：你 会 说 英语 吗？
Nǐ huì shuō Yīngyǔ ma?
（あなたは英語が話せますか。）

B：我 只 会 说 一点儿。山本 英语 不 错。
Wǒ zhǐ huì shuō yìdiǎnr. Shānběn Yīngyǔ bú cuò.
（私は少ししか話せませんが、山本さんは英語が上手です。）

A：我 也 只 会 说 一点儿 日语。
Wǒ yě zhǐ huì shuō yìdiǎnr Rìyǔ.
（私も少しだけ日本語が話せます。）

B：我们 可以 说 汉语。
Wǒmen kěyǐ shuō Hànyǔ.
（私たちは中国語で話しましょう。）

A：我 的 汉语 现在 还 不 行，我 只 会 说 很 少
Wǒ de Hànyǔ xiànzài hái bù xíng, wǒ zhǐ huì shuō hěn shǎo
一点儿。
yìdiǎnr.
（私の中国語はまだだめです。私はほんの少しだけ話せます。）

（二）

A：山本 同学，有 你 的 电话。
Shānběn tóngxué, yǒu nǐ de diànhuà.
（山本さん、お電話ですよ。）

B：谢谢。喂，我 是 山本。你 是 哪 一 位？
Xièxie. Wèi, wǒ shì Shānběn. Nǐ shì nǎ yí wèi?
（ありがとう。もしもし、山本ですが、どちら様でしょうか。）

C：我 是 王 明强。好 久 不 见，你 好 吗？
Wǒ shì Wáng Míngqiáng. Hǎo jiǔ bú jiàn, nǐ hǎo ma?
（私は王明強です。ごぶさたしました。お元気ですか。）

B：很 好，有 事 吗？
Hěn hǎo, yǒu shì ma?
（とても元気です。何かご用ですか。）

C：有 事，后天 你 能 来 我 家 吗？
Yǒu shì, hòutiān nǐ néng lái wǒ jiā ma?
（用があります。明後日私の家に来られますか。）

B：后天 是 星期五，星期五 上午 我 没 空，我 要
Hòutiān shì xīngqīwǔ, xīngqīwǔ shàngwǔ wǒ méi kòng, wǒ yào
学 国画。下午 来 行 吗？
xué guóhuà. Xiàwǔ lái xíng ma?
（明後日は金曜日ですね。金曜日の午前は時間がありません。私は中国画の勉強があります。午後行ってよろしいですか。）

C：行。后天 下午 你 一定 要 来 啊！
Xíng. Hòutiān xiàwǔ nǐ yídìng yào lái a!
（結構です。明後日の午後、必ず来て下さい。）

B：我 一定 来。
Wǒ yídìng lái.
（私は必ず行きます。）

（三）

上个月，我和三位同学一起去杭州旅游，
Shàng ge yuè, wǒ hé sān wèi tóngxué yìqǐ qù Hángzhōu lǚyóu,

他们是高木惠，马丁和王明强。高木惠会
tāmen shì Gāomù Huì, Mǎdīng hé Wáng Míngqiáng. Gāomù Huì huì

说一点儿汉语。马丁会说一点儿汉语，还会说
shuō yìdiǎnr Hànyǔ. Mǎdīng huì shuō yìdiǎnr Hànyǔ, hái huì shuō

一点儿日语。王明强会说一点儿英语。我不
yìdiǎnr Rìyǔ. Wáng Míngqiáng huì shuō yìdiǎnr Yīngyǔ. Wǒ bú

会说英语，也不会说日语，只会说汉语。
huì shuō Yīngyǔ, yě bú huì shuō Rìyǔ, zhǐ huì shuō Hànyǔ.

我们说什么？我们都说汉语！
Wǒmen shuō shénme? Wǒmen dōu shuō Hànyǔ!

訳文

　先月、私は3人のクラスメートと一緒に杭州へ旅行に行きました。その3人は高木恵さん、マーチンさんと王明強さんです。高木恵さんは中国語が少し話せます。マーチンさんは中国語が少し話せ、しかも日本語が少し話せます。王明強さんは英語が少し話せます。私は英語も日本語も話せず、中国語しか話せません。私たちは何語で話しましょうか。全員中国語で話しましょう。

ポイント Point

1．能願動詞 "会" と "能"

　"会" と "能" は動詞の前に用い、ある動作を行う能力があることを表す。"会" は「技術や経験を積んだ結果、出来る」という意味を表す。

①他 会 说 日语。
　Tā huì shuō Rìyǔ.
　（彼は日本語ができる。）

②我 会 骑 自行车。
　Wǒ huì qí zìxíngchē.
　（私は自転車に乗れます。）

2．一点儿

　"一点儿" は数量詞で、一般に個数として数えられないものを指し "少しばかり" "ちょっと" などの意味を表す。この "一点儿" は "会说一点儿" のように動詞の後によく用いられる。

3．能願動詞 "可以"

　"可以" は基本的には、主観的・客観的状況や条件によってある動作が許される、出来るということを表す。

①我 可以 去 吗？
　Wǒ kěyǐ qù ma?
　（私は行ってもいいですか。）

②你们 **可以** 学 国画。
Nǐmen kěyǐ xué guóhuà.
(君たちは中国画を習いなさい。)

4．**追加疑問文"行吗"**

　追加疑問文は、平叙文の文末に"行吗"を用いてある提案をして、相手に意見を求める。
①明天　去 商店，**行 吗**？
Míngtiān qù shāngdiàn, xíng ma?
(明日、商店に行きませんか。)

②下午 你 来 我 的 房间，**行 吗**？
Xiàwǔ nǐ lái wǒ de fángjiān, xíng ma?
(午後私の部屋に来ませんか。)

5．**感嘆詞"啊"**

　この"啊"は文末に用いて強い要請の意味を表す。"你一定要来啊！"は「君はきっと来るんだよ。」という意味である。

練習問題

1. 次の文を日本語に訳しなさい。
   ①这是哪位的自行车？

   ②我会说一点儿汉语。

   ③晚上你能去跳舞吗？

   ④这本书一定很有意思。

   ⑤我想喝一点儿茶，有吗？

2. 次の文を中国語に訳しなさい。
   ①私は自転車に乗れます。

   ②まだ少し牛乳があります。

   ③明日彼はここに来られます。

   ④明日私は必ず行きます。

   ⑤あなたはいつ北京へ行きますか。

3. 次の（ ）に適当な単語を選んで入れなさい。

①你（　　）说英语吗？

②（　　）本词典是你的？

③你（　　）是美国人。

④他们（　　）不会说汉语。

（一定　会　都　哪）

語　釈

- 一点儿【数量】yìdiǎnr 少し、少しばかり
- 现在【名】xiànzài 今
- 只【副】zhǐ ただ、単に
- 哪【代】nǎ どの
- 久【形】jiǔ 時間が長い
- 事【名】shì 用事、用件
- 能【能動】néng できる
- 国画【名】guóhuà 中国画
- 啊【助】a 催促をあらわす

- 可以【能動】kěyǐ できる
- 行【形】xíng よい
- 电话【名】diànhuà 電話
- 好【副】hǎo ずいぶん
- 见【動】jiàn 会う、見る
- 后天【名】hòutiān あさって
- 空【名】kòng ひま
- 一定【副】yídìng きっと、必ず

Dì shí'èr kè

第12課
我 很 喜欢 这个 歌。
Wǒ hěn xǐhuan zhège gē.

（一）

A：你 听，这个 歌 怎么样？好听 吗？
Nǐ tīng, zhège gē zěnmeyàng? Hǎotīng ma?
（聞いてごらん、この歌はどうですか。いいですか。）

B：很 好 听。我 很 喜欢 这个 歌，你 会 唱 吗？
Hěn hǎo tīng. Wǒ hěn xǐhuan zhège gē, nǐ huì chàng ma?
（とてもいいですね。私はこの歌がとても好きです。あなたは歌えますか。）

A：当然 会，你 想 学 吗？
Dāngrán huì, nǐ xiǎng xué ma?
（もちろん歌えます。あなたは習いたいですか。）

B：想 学，你 能 教 我 吗？
Xiǎng xué, nǐ néng jiāo wǒ ma?
（習いたいです。私に教えてくれますか。）

A：我 现在 就 可以 教 你。
Wǒ xiànzài jiù kěyǐ jiāo nǐ.
（私はこれからすぐあなたに教えてもよいですよ。）

（二）

A：山本，今天的作业你会做吗？
Shānběn, jīntiān de zuòyè nǐ huì zuò ma?
（山本さん、今日の宿題をあなたはできますか。）

B：会做。今天的作业不很难。
Huì zuò. Jīntiān de zuòyè bù hěn nán.
（できます。今日の宿題はそれほど難しくありません。）

A：这几个地方我不会做。你能帮助我吗？
Zhè jǐ ge dìfang wǒ bú huì zuò. Nǐ néng bāngzhù wǒ ma?
（このいくつかのところは私はできません。あなた手伝ってくれますか。）

B：当然。你哪儿不会？我教你。
Dāngrán. Nǐ nǎr bú huì? Wǒ jiāo nǐ.
（もちろんです。あなたはどこができませんか。教えてあげましょう。）

Dì shí'èr kè

（三）

马丁 有 个 英国 朋友，叫 安娜。 安娜 不 会 说
Mǎdīng yǒu ge Yīngguó péngyou, jiào Ānnà. Ānnà bú huì shuō

汉语。 她 今天 上午 坐 飞机 到 上海, 住 锦江
Hànyǔ. Tā jīntiān shàngwǔ zuò fēijī dào Shànghǎi, zhù Jǐnjiāng

饭店 一 二 零 三 号 房间, 明天 下午 就 要 回国。
fàndiàn yī èr líng sān hào fángjiān, míngtiān xiàwǔ jiù yào huíguó.

今天 中午, 马丁 和 玛丽 一起 坐 出租 汽车 去
Jīntiān zhōngwǔ, Mǎdīng hé Mǎlì yìqǐ zuò chūzū qìchē qù

锦江 饭店 看 她。 晚上 他们 一起 去 锦江 俱乐部
Jǐnjiāng fàndiàn kàn tā. Wǎnshang tāmen yìqǐ qù Jǐnjiāng jùlèbù

跳舞。 晚上 十 点 半, 马丁 和 玛丽 一起 回 学校。
tiàowǔ. Wǎnshang shí diǎn bàn, Mǎdīng hé Mǎlì yìqǐ huí xuéxiào.

訳文

　マーチンさんにはアンナというイギリス人の友達がいます。アンナさんは中国語が話せません。彼女は今日の午前、飛行機で上海に着き、錦江飯店の1203号室に泊まり、明日の午後、帰国します。今日の正午、マーチンさんとマリーさんは一緒にタクシーで彼女に会いに錦江飯店へ行きました。夜、彼らは一緒に錦江クラブへ行ってダンスをし、夜10時半にマーチンさんとマリーさんは一緒に学校へ帰りました。

第12課　　　　　　　　　　　　　　　　　　　　Dì shí'èr kè

ポイント　Point

1．就

　副詞"就"は時間を表す語句の後に置いて、その時間になると次の動作が始まることを表す。
　①我　明天　就　回国。（私は明日帰国します。）
　　Wǒ míngtiān jiù huíguó.
　②他　马上　就　来。　（彼はすぐに来ます。）
　　Tā mǎshàng jiù lái.

2．几

　"几"は数を尋ねる時に使うほか、不確定の数を表すこともできる。
　①他们　班　只　有　十　几　个　学生。
　　Tāmen bān zhǐ yǒu shí jǐ ge xuésheng.
　　（彼らのクラスには10数人の学生しかいない。）
　②她　已经　二十　几　岁　了。
　　Tā yǐjing èrshí jǐ suì le.
　　（彼女はすでに20歳を過ぎている。）

3．主述述語文

　主述述語文の中に、本来動詞の目的語である語句を強調、対比するために主語の位置に出されたものがある。
　①汉语　我　不　会　说。
　　Hànyǔ wǒ bú huì shuō.
　　（中国語は私は話せません。）
　②这　本　小说　我　不　想　看。
　　Zhè běn xiǎoshuō wǒ bù xiǎng kàn.
　　（この小説は読みたくない。）

練習問題

1. 次の文を日本語に訳しなさい。
   ①英国人当然会说英语。

   ②我现在就可以去。

   ③今天的作业我会做。

   ④这个周末他们要去杭州。

   ⑤坐公共汽车十分钟就能到。

2. 次の文を中国語に訳しなさい。
   ①この本は私は持っています。

   ②彼は午後に来られます。

   ③今晩私は家に帰りたい。

   ④郵便局には当然切手はあります。

   ⑤あなたは私に協力してくれますか。

3. 次の（ ）に適当な単語を選んで入れなさい。

①我现在（　　）去。

②好电影（　　）想看。

③下午我们（　　）回学校。

④今天的作业不（　　）难。

（要　很　当然　就）

語　釈

- 听【動】tīng 聴く
- 唱【動】chàng 歌う
- 教【動】jiāo 教える
- 做【動】zuò する
- 帮助【動】bāngzhù 手伝う、協力する
- 看【動】kàn 訪ねる

- 好听【形】hǎotīng （音声が）美しい
- 当然【副】dāngrán もちろん、当然
- 作业【名】zuòyè 宿題
- 难【形】nán 難しい
- 出租汽车【名】chūzū qìchē タクシー
- 回【動】huí 帰る

Dì shísān kè

第13課
我是坐船来的。
Wǒ shì zuò chuán lái de.

（一）

A：你 是 坐 飞机 来 中国 的 吗？
Nǐ shì zuò fēijī lái Zhōngguó de ma?
（あなたは飛行機で中国に来たのですか。）

B：不 是, 我 是 坐 船 来 的。
Bú shì, wǒ shì zuò chuán lái de.
（いいえ、私は船で来ました。）

A：坐 船 舒服 吗？
Zuò chuán shūfu ma?
（船は楽でしたか。）

B：很 舒服, 我 坐 的 是 二 等 舱。
Hěn shūfu, wǒ zuò de shì èr děng cāng.
（とても楽でした。私は2等船室に乗りました。）

A：船 票 贵 吗？
Chuán piào guì ma?
（乗船の切符は高いですか。）

B：不 太 贵。
Bú tài guì.
（それほど高くありません。）

A：那 我 下 个 月 回 日本 也 坐 船。
Nà wǒ xià ge yuè huí Rìběn yě zuò chuán.
（それなら、私は来月日本に帰る時も船に乗りましょう。）

（二）

A：今天 天气 真 不 错。
Jīntiān tiānqì zhēn bú cuò.
（今日は天気がほんとうにいいですね。）

B：是 啊, 是 出去 玩儿 的 好 天气。
Shì a, shì chūqu wánr de hǎo tiānqì.
（そうですね。よい行楽日和です。）

A：我 和 马丁 准备 去 郊区 玩儿, 你 想 不 想 去？
Wǒ hé Mǎdīng zhǔnbèi qù jiāoqū wánr, nǐ xiǎng bu xiǎng qù?
（私とマーチンさんは郊外に遊びに行く予定ですが、あなたは如何ですか。）

B：当然 想 去。你们 怎么 去？
Dāngrán xiǎng qù. Nǐmen zěnme qù?
（もちろん行きたいです。あなたたちはどうやって行きますか。）

A：骑 自行车 去。你 会 不 会 骑？
Qí zìxíngchē qù. Nǐ huì bu huì qí?
（自転車で行きます。あなたは乗れますか。）

B：会。我 没有 车。你 还 有 车 吗？
Huì. Wǒ méiyǒu chē. Nǐ hái yǒu chē ma?
（乗れます。私は自転車を持っていませんが、あなたはほかに自転車がありますか。）

A：我 还 有 一 辆 旧 车, 你 用 吧。
Wǒ hái yǒu yí liàng jiù chē, nǐ yòng ba.
（ほかに古い自転車を1台持っていますから、それを使って下さい。）

（三）

下 个 月，马丁、玛丽、山本 明 都 要 回国。马丁
Xià ge yuè、Mǎdīng、Mǎlì、Shānběn Míng dōu yào huíguó. Mǎdīng

想 买 八 月 二 号 的 机 票，坐 飞 机 回 美国 要
xiǎng mǎi bā yuè èr hào de jī piào, zuò fēijī huí Měiguó yào

六 个 小时。玛丽 不 想 坐 飞机 回国，她 要 坐
liù ge xiǎoshí. Mǎlì bù xiǎng zuò fēijī huíguó, tā yào zuò

火车。她 准备 八 月 一 号 回国。英国 很 远，
huǒchē. Tā zhǔnbèi bā yuè yī hào huíguó. Yīngguó hěn yuǎn,

坐 火车 要 一 个 星期。山本 明 也 不 想 坐
zuò huǒchē yào yí ge xīngqī. Shānběn Míng yě bù xiǎng zuò

飞机 回国。坐 火车 不 能 去 日本，坐 船 可以。
fēijī huíguó. Zuò huǒchē bù néng qù Rìběn, zuò chuán kěyǐ.

山本 明要买一张八月三号二等舱船
Shānběn Míng yào mǎi yì zhāng bā yuè sān hào èr děng cāng chuán

票。坐 船 很 舒服，船 票 也 不 贵。两 天 就
piào. Zuò chuán hěn shūfu, chuán piào yě bú guì. Liǎng tiān jiù

可以 到 日本。
kěyǐ dào Rìběn.

第13課　Dì shísān kè

> **訳文**
>
> 　来月、マーチンさん、マリーさん、山本明さんはいずれも帰国します。マーチンさんは8月2日の航空券を買い、6時間飛行機に乗ってアメリカに帰ります。マリーさんは飛行機で帰国せず、汽車に乗ります。彼女は8月1日に帰国の予定です。イギリスは遠く、汽車で1週間かかります。山本明さんも飛行機で帰国しません。汽車では日本に帰れませんが、船ならできます。山本明さんは8月3日の2等船室のキップを買うつもりです。船はとても楽で、船賃も安いです。2日で日本に着きます。

Dì shísān kè

ポイント

1．是…的

　この構文は、すでに行われた動作が「いつ」「どこで」「どのように」行われたか時間・場所・方法などを強調する場合に用いられる。
　本文の"是…的"は方法や手段を強調したもので"我是坐船来的"は方法・手段を表す"坐船"の部分が強調される。

2．…的是…

　この構文は目的語を強調する時に用いられる。その場合、強調される部分は"是"の後に置く。

①我　想　要 **的 是** 苹果。
　Wǒ xiǎng yào de shì píngguǒ.
　（私が欲しいのはリンゴです。）

②教　我们　汉语 **的 是** 王　老师。
　Jiāo wǒmen Hànyǔ de shì Wáng lǎoshī.
　（私たちに中国語を教えてくれるのは王先生です。）

3．**反復疑問文**

　反復疑問文は述語のはたらきをする能願動詞・動詞・形容詞を「肯定+否定」の形式で並べて疑問を表す。

①你 **要 不 要** 买 苹果？
　Nǐ yào bu yào mǎi píngguǒ?
　（あなたはリンゴが買いたいですか。）

②你 **有 没有** 自行车？
　Nǐ yǒu méiyou zìxíngchē?
　（あなたは自転車をもっていますか。）

③明天　天气 **好 不 好**？
　Míngtiān tiānqì hǎo bu hǎo?
　（明日は天気がよいでしょうか。）

練習問題

1. 次の文を日本語に訳しなさい。
   ①你妈妈工作不工作？

   ②我是来学中国文学的。

   ③你会不会做今天的作业？

   ④参加婚礼的人不太多。

   ⑤他坐的是五十五路公共汽车。

2. 次の文を中国語に訳しなさい。
   ①お茶が飲みたいですか。

   ②君は今暇がありますか。

   ③乗船切符はあまり高くない。

   ④私のほしいのはハガキです。

   ⑤彼は船で上海に来ました。

Dì shísān kè

3. 次の（ ）に適当な単語を選んで入れなさい。

①你（　　）不去看电影？

②我用（　　）是他的笔。

③这本书我（　　）很喜欢的。

④我爸爸身体（　　）太好。

（的　是　去　不）

語　釈

- 飞机【名】fēijī　飛行機
- 舱【名】cāng　（船の）客室
- 不太【副】bútài　あまり…でない
- 天气【名】tiānqì　天気
- 玩儿【動】wánr　遊ぶ
- 用【動】yòng　使う
- 舒服【形】shūfu　気分がよい
- 票【名】piào　チケット
- 贵【形】guì　値段が高い
- 出去【動】chūqu　出ていく
- 怎么【代】zěnme　どのように、なぜ
- 火车【名】huǒchē　汽車

第14課

我 想 出去 玩儿。
Wǒ xiǎng chūqu wánr.

（一）

A：你 今天 有 没有 事？
Nǐ jīntiān yǒu méiyou shì?
（あなたは今日用事がありますか。）

B：没有 事。
Méiyǒu shì.
（ありません。）

A：今天 天气 非常 好。我 想 出去 玩儿。你 愿意
Jīntiān tiānqì fēicháng hǎo. Wǒ xiǎng chūqu wánr. Nǐ yuànyi
不 愿意 和 我 一起 去 玩儿？
bu yuànyi hé wǒ yìqǐ qù wánr?
（今日は天気がとてもいいから、遊びに出かけたいです。私と一緒に遊びに出かけませんか。）

B：当然 愿意。去 哪儿 玩儿？
Dāngrán yuànyi. Qù nǎr wánr?
（もちろん行きたいです。どこに行きますか。）

A：去 郊区 吧。郊区 空气 新鲜，人 也 少。
Qù jiāoqū ba. Jiāoqū kōngqì xīnxiān, rén yě shǎo.
（郊外に行きましょう。郊外は空気がきれいで、人も少ないです。）

B：怎么 去？
Zěnme qù?
（どのようにして行きますか。）

Dì shísì kè

第14課

A：坐 公共 汽车。
Zuò gōnggòng qìchē.
（バスで行きます。）

B：去 郊区 怎么 坐 车？
Qù jiāoqū zěnme zuò chē?
（郊外に行くにはどのバスに乗りますか。）

A：我们 去 郊区 汽车站。
Wǒmen qù jiāoqū qìchēzhàn.
（私たちは郊外行きのバス停に行きましょう。）

（二）

A：这 是 上海 最 大 的 服装 商店，我 想
Zhè shì Shànghǎi zuì dà de fúzhuāng shāngdiàn, wǒ xiǎng
买 件 大衣。
mǎi jiàn dàyī.
（これは上海で最も大きな洋装店です。私はオーバーを一着買いたいです。）

B：好。那 我们 进去 吧。
Hǎo. Nà wǒmen jìnqu ba.
（はい、それでは中に入りましょう。）

A：你 看，这 件 大衣 怎么样？漂亮 不 漂亮？
Nǐ kàn, zhè jiàn dàyī zěnmeyàng? Piàoliang bu piàoliang?
（ほら、このオーバーはどうですか。素敵ですか。）

B：很 漂亮。
Hěn piàoliang.
（とても素敵です。）

A：式样　怎么样？
　　Shìyàng zěnmeyàng?
　　（デザインはどうですか。）

B：式样　也　很　好。这　种　式样　在　我们　日本
　　Shìyàng yě hěn hǎo. Zhè zhǒng shìyàng zài wǒmen Rìběn
　　很　流行。
　　hěn liúxíng.
　　（デザインもとてもいいです。このデザインは日本でとても流行っています。）

A：那　我　就　买　这　一　件　吧。你　买　不　买？
　　Nà wǒ jiù mǎi zhè yí jiàn ba. Nǐ mǎi bu mǎi?
　　（それじゃ、私はこれを買いましょう。あなたは買いますか。）

B：我　不　买。我　有　两　件　大衣。
　　Wǒ bù mǎi. Wǒ yǒu liǎng jiàn dàyī.
　　（私は買いません。私はオーバーを2着持っています。）

（三）

今天　是　星期六，天气　非常　好。我　想　出去　玩儿。
Jīntiān shì xīngqīliù, tiānqì fēicháng hǎo. Wǒ xiǎng chūqu wánr.

我　问　玛丽　愿意　不　愿意　和　我　一起　去。玛丽　说，
Wǒ wèn Mǎlì yuànyi bu yuànyi hé wǒ yìqǐ qù. Mǎlì shuō,

她　想　去　买　衣服。我　说　衣服　明天　去　买，今天
tā xiǎng qù mǎi yīfu. Wǒ shuō yīfu míngtiān qù mǎi, jīntiān

去　郊区　玩儿　吧。郊区　空气　新鲜，人　也　少，一定
qù jiāoqū wánr ba. Jiāoqū kōngqì xīnxiān, rén yě shǎo, yídìng

非常　有　意思。上午　九　点，我　和　玛丽　一起　去
fēicháng yǒu yìsi. Shàngwǔ jiǔ diǎn, wǒ hé Mǎlì yìqǐ qù

Dì shísì kè

郊区　汽车站　坐　公共　汽车　去　郊区　玩儿。
jiāoqū qìchēzhàn zuò gōnggòng qìchē qù jiāoqū wánr.

訳文

　　今日は土曜日で、天気がとてもよいので遊びに出かけたいと思っています。私はマリーさんに私と一緒に行きたいかどうかを尋ねました。マリーさんは服を買いに行きたいと言いました。服は明日買いに行き、今日は郊外に遊びに行こうと私は言いました。郊外は空気がきれいで、人も少なく、きっととても面白いでしょう。午前9時に、私とマリーさんは一緒に郊外行きのバス停に行きバスで郊外に遊びに行きました。

ポイント Point

1. 那

接続詞"那"は文の冒頭に用い、その前の文の内容を受けてその結果を述べる。

①你 有 事，**那** 我 一定 来。
　Nǐ yǒu shì, nà wǒ yídìng lái.
　(あなたに用事があるのなら、それでは私が必ず来ます。)

②他 不 去，**那** 我们 去 吧。
　Tā bú qù, nà wǒmen qù ba.
　(彼が行かないのなら、それでは私たちが行きましょう。)

2. 介詞"在"

介詞"在"は場所を表し、その後に場所を示す語句を付けて介詞連語を構成する。この介詞連語は述語の前に置かれて動作の行われる場所を示す。

①我 **在** 北京 大学 学习 汉语。
　Wǒ zài Běijīng dàxué xuéxí Hànyǔ.
　(私は北京大学で中国語を勉強している。)

②我 **在** 火车站 打 电话。
　Wǒ zài huǒchēzhàn dǎ diànhuà.
　(私は駅で電話をかけている。)

練習問題

1. 次の文を日本語に訳しなさい。

    ① "欢迎"日语怎么说？

    ②郊区空气新鲜不新鲜？

    ③他在中国银行换外币。

    ④你想不想喝一点儿啤酒？

    ⑤这件衣服式样不错，也不贵。

2. 次の文を中国語に訳しなさい。

    ①このオーバーは高いですか。

    ②彼らはレストランで食事をします。

    ③あなたはどのようにするつもりですか。

    ④あなたはリンゴを少し買いたいですか。

    ⑤郊外は空気がきれいで、人も少ない。

3. 次の（ ）に適当な単語を選んで入れなさい。

①你是（　　）来的？

②坐飞机（　　）不舒服？

③这种式样（　　）日本很流行。

④这个歌很好听，（　　）不难学。

（在　也　怎么　舒服）

語　釈

- 愿意【能動】yuànyi …したいと思う
- 郊区【名】jiāoqū 郊外
- 站【名】zhàn 駅
- 大衣【名】dàyī オーバー
- 漂亮【形】piàoliang 美しい
- 流行【動】liúxíng 流行する
- 换【動】huàn 交換する
- 哪儿【代】nǎr どこ
- 新鲜【形】xīnxiān （空気が）きれい
- 服装【名】fúzhuāng 衣服、服装
- 进去【動】jìnqu 入る
- 式样【名】shìyàng デザイン
- 有意思【連】yǒu yìsi 面白い
- 外币【名】wàibì 外貨

第15課
我是从广州来的。
Wǒ shì cóng Guǎngzhōu lái de.

（一）

A：你是什么时候到上海的？
Nǐ shì shénme shíhou dào Shànghǎi de?
（あなたはいつ上海に着きましたか。）

B：昨天晚上，我是从广州来的。
Zuótiān wǎnshang, wǒ shì cóng Guǎngzhōu lái de.
（昨夜です。私は広州から来ました。）

A：广州怎么样？
Guǎngzhōu zěnmeyàng?
（広州はどうですか。）

B：广州很不错。
Guǎngzhōu hěn bú cuò.
（広州はとても素晴らしいです。）

A：你现在住在哪里？
Nǐ xiànzài zhùzài nǎli?
（あなたは今、どちらにお泊まりですか。）

B：住在西郊宾馆。
Zhùzài Xījiāo bīnguǎn.
（西郊賓館に泊まっています。）

A：离我们学校很远啊！我骑摩托车去要
Lí wǒmen xuéxiào hěn yuǎn a! Wǒ qí mótuōchē qù yào
一个小时。你什么时候有空，我去看
yí ge xiǎoshí. Nǐ shénme shíhou yǒu kòng, wǒ qù kàn

第15課　　　　　　　　　　　　　　　　　　　　　　　Dì shíwǔ kè

　　　你。
　　　nǐ.
　　　(私たちの学校から遠いですね。オートバイで1時間かかります。
　　　あなたはいつお暇ですか。私はお会いしたいです。)

B：你 明天　晚上　来 吧。我 住 八 号 楼 ２０３　房间。
　　Nǐ míngtiān wǎnshang lái ba. Wǒ zhù bā hào lóu èr líng sān fángjiān.
　　(明日の晩に来て下さい。8号館の203室に泊まっています。)

A：明天　晚上　七 点 钟 我 到 你 那儿。
　　Míngtiān wǎnshang qī diǎn zhōng wǒ dào nǐ nàr.
　　(明日の晩7時にお伺いします。)

B：好，我 一定 等 你。
　　Hǎo, wǒ yídìng děng nǐ.
　　(結構です。必ずお待ちしています。)

CD 58

（二）

A：从　学校　到 和平　电影院　要 换 几 次 车？
　　Cóng xuéxiào dào Hépíng diànyǐngyuàn yào huàn jǐ cì chē?
　　(学校から和平映画館まで何回乗り換えしますか。)

B：张　红 说 要 换 两 次。先 换 ５５ 路 公共
　　Zhāng Hóng shuō yào huàn liǎng cì. Xiān huàn wǔshíwǔ lù gōnggòng
　　汽车，再 换 １７ 路 电车。
　　qìchē, zài huàn shíqī lù diànchē.
　　(張紅さんは2回乗り換えだと言っていました。先ず55番のバス
　　に乗り換えて、それから17番のトロリーバスに乗り換えます。)

A：到 和平　电影院　是 换 １７ 路 电车 吗？
　　Dào Hépíng diànyǐngyuàn shì huàn shíqī lù diànchē ma?
　　(和平映画館に行くには17番のトロリーバスに乗り換えますか。)

Dì shíwǔ kè

B：没错。张红说，17路车站离电影院
Méi cuò. Zhāng Hóng shuō, shíqī lù chēzhàn lí diànyǐngyuàn
比较近。
bǐjiào jìn.
（その通りです。張紅さんは17番のバス停は映画館にわりに近い
と言っていました。）

A：她说电影院就在车站附近吗？
Tā shuō diànyǐngyuàn jiù zài chēzhàn fùjìn ma?
（彼女は映画館はバス停の近くにあると言っていましたか。）

B：对。她说过一条马路就是电影院。
Duì. Tā shuō guò yì tiáo mǎlù jiùshì diànyǐngyuàn.
（そうです。道1本渡るとすぐ映画館だそうです。）

（三）

村田隆是我的好朋友，他在广州的
Cūntián Lóng shì wǒ de hǎo péngyou, tā zài Guǎngzhōu de
一个大学教日语。昨天他从广州到上海，
yí ge dàxué jiāo Rìyǔ. Zuótiān tā cóng Guǎngzhōu dào Shànghǎi,
住在和平饭店。和平饭店就在外滩，离我们
zhùzài Hépíng fàndiàn. Hépíng fàndiàn jiù zài Wàitān, lí wǒmen
学校不远。坐公共汽车去和平饭店不用
xuéxiào bù yuǎn. Zuò gōnggòng qìchē qù Hépíng fàndiàn bú yòng
换车，只要二十多分钟。我很想去看他。
huàn chē, zhǐ yào èrshí duō fēn zhōng. Wǒ hěn xiǎng qù kàn tā.
今天晚上我没空，我要参加一位中国
Jīntiān wǎnshang wǒ méi kòng, wǒ yào cānjiā yí wèi Zhōngguó

第15課　　　　　　　　　　　　　　　　　　　　　　　Dì shíwǔ kè

朋友　的　婚礼。明天　我　一定　去　看　他。
péngyou de　hūnlǐ. Míngtiān wǒ yídìng　qù　kàn　tā.

> **訳文**
>
> 　村田隆さんは私の友達です。彼は広州のある大学で日本語を教えています。昨日、彼は広州から上海に着いて、和平飯店に泊まっています。和平飯店は外灘にあり、私たちの学校から遠くありません。バスで和平飯店に行けば乗り換える必要はなく、わずかに20分かかるだけです。私は彼に会いに行きたいです。今晩は中国の友達の結婚式に出席しなければならないので、暇がありません。明日は必ず彼に会いに行きます。

ポイント Point

1．从

介詞"从"は動作の起点を表し、場所を示す語句と組み合わさる。

① 我 刚 从 学校 回来。
　Wǒ gāng cóng xuéxiào huílai.
　（私は学校から帰ったばかりです。）

② 他 是 从 上海 来 的。
　Tā shì cóng Shànghǎi lái de.
　（彼は上海から来ました。）

2．動詞＋在…

介詞連語を動詞の後に用いて、動作・行為の到達する場所や状態などを表す。

① 自行车 不 能 放在 这儿。
　Zìxíngchē bù néng fàngzài zhèr.
　（自転車はここに置いてはいけません。）

② 他 出生 在 日本。
　Tā chūshēng zài Rìběn.
　（彼は日本で生まれました。）

3．从…到…

介詞"从"は起点を示し、"到"は終点を示す。

① 从 他 家 到 学校 很 远。
　Cóng tā jiā dào xuéxiào hěn yuǎn.
　（彼の家から学校までとても遠い。）

②他 从 小学 到 大学 都 是 在 北京 上 的。
　　Tā cóng xiǎoxué dào dàxué dōu shì zài Běijīng shàng de.
　　（彼は小学校から大学まで北京で通いました。）

4．先…再…

一つの文で"先"と"再"を同時に使う場合、動作の行われる順序を表す。

①咱们 先 去 教室，再 去 图书馆。
　　Zánmen xiān qù jiàoshì, zài qù túshūguǎn.
　　（私たちは先ず教室へ行って、それから図書館に行きましょう。）

②我 想 先 学 汉语，再 学 文学。
　　Wǒ xiǎng xiān xué Hànyǔ, zài xué wénxué.
　　（私は先ず中国語を勉強してから、文学を勉強したい。）

5．离

介詞"离"は2点間の距離を示す。場所や時間を表す語句を目的語にとり、空間的・時間的な隔りがあることを示す。

①学校 离 我 家 很 近。
　　Xuéxiào lí wǒ jiā hěn jìn.
　　（学校は私の家から近い。）

②现在 离 上课 还 有 十 分 钟。
　　Xiànzài lí shàngkè hái yǒu shí fēn zhōng.
　　（今まだ授業まであと10分ある。）

練習問題

1. 次の文を日本語に訳しなさい。

   ①自行车不能放在这里。

   ②我去我姐姐那里吃晚饭。

   ③现在离吃午饭还有半个小时。

   ④从日本到上海坐船要多少时间？

   ⑤我打算先学汉语，再学中国文学。

2. 次の文を中国語に訳しなさい。

   ①私たちはここから入ります。

   ②明日私たちはここで授業を受けます。

   ③アメリカは中国から非常に遠い。

   ④あなたの汽車の乗車券は私の所にあります。

   ⑤私は先ず香港に行って、それから上海に行きます。

3. 次の（ ）に適当な単語を選んで入れなさい。

①你们（　　　）哪里游览？

②（　　　）我生日还有一个星期。

③从中国（　　　）美国要换飞机吗？

④我们先吃饭，（　　　）去看电影。

（离　到　再　在）

語　釈

- 哪里【代】nǎli どこ
- 摩托车【名】mótuōchē バイク、オートバイ
- 电影院【名】diànyǐngyuàn 映画館
- 电车【名】diànchē トロリーバス
- 比较【副】bǐjiào わりに
- 不用【副】búyòng …する必要はない
- 婚礼【名】hūnlǐ 結婚式

- 离【介】lí …から
- 等【動】děng 待つ
- 换（车）【動】huàn 乗り換える
- 车站【名】chēzhàn 駅
- 马路【名】mǎlù 大通り
- 参加【動】cānjiā 参加する、出席する

第16课
星期六 没有 课。
Xīngqīliù méiyǒu kè.

(一)

A：你 每天 都 要 上课 吗？
Nǐ měitiān dōu yào shàngkè ma?
（あなたは、毎日授業を受けていますか。）

B：不, 星期六 没有 课。当然, 星期天 也 不 上课。
Bù, xīngqīliù méiyǒu kè. Dāngrán, xīngqītiān yě bú shàngkè.
（いいえ、土曜日は授業がありません。もちろん、日曜日も授業はありません。）

A：星期一 到 星期五 上午、下午 都 有 课 吗？
Xīngqīyī dǎo xīngqīwǔ shàngwǔ、xiàwǔ dōu yǒu kè ma?
（月曜日から金曜日まで、午前と午後ともに授業がありますか。）

B：每天 上午 上 四 节 课。下午 要 复习 课文,
Měitiān shàngwǔ shàng sì jié kè. Xiàwǔ yào fùxí kèwén,
做 练习。
zuò liànxí.
（毎日午前中は4コマの授業を受けます。午後は教科書の本文を復習し、練習問題をします。）

第16課

（二）

A：马丁，你们 学到 第 几 课？ 十八 课 还是 十九
　　Mǎdīng, nǐmen xuédào dì jǐ kè? Shíbā kè háishi shíjiǔ
　　课？
　　kè?
　　（マーチンさん、何課まで勉強しましたか。18課ですか、それとも19課ですか。）

B：我们 学到 十八 课。 你们 呢？
　　Wǒmen xuédào shíbā kè. Nǐmen ne?
　　（私たちは18課まで勉強しました。あなたたちは。）

A：我们 今天 才 开始 学 第 十七 课。
　　Wǒmen jīntiān cái kāishǐ xué dì shíqī kè.
　　（私たちは今日から17課を勉強しはじめたばかりです。）

B：我们 上课 早，你们 上课 晚。 我们 每 星期 学
　　Wǒmen shàngkè zǎo, nǐmen shàngkè wǎn. Wǒmen měi xīngqī xué
　　五 课。
　　wǔ kè.
　　（私たちの方が早く授業が始まり、あなたたちは遅く始まったからです。私たちは毎週5課を勉強します。）

A：前天 我们 老师 说， 到 月底 我们 可以 学到
　　Qiántiān wǒmen lǎoshī shuō, dào yuèdǐ wǒmen kěyǐ xuédào
　　第 二十 课。
　　dì èrshí kè.
　　（一昨日、私たちの先生は月末までに第20課まで進むと言われました。）

（三）

我们 班 有 两 个 老师，一 个 老师 姓 周，
Wǒmen bān yǒu liǎng ge lǎoshī, yí ge lǎoshī xìng Zhōu,

一 个 老师 姓 宋。周 老师 是 女 老师，她 的 家
yí ge lǎoshī xìng Sòng. Zhōu lǎoshī shì nǚ lǎoshī, tā de jiā

就 在 学校 附近。宋 老师 是 男 老师，他 的 家
jiù zài xuéxiào fùjìn. Sòng lǎoshī shì nán lǎoshī, tā de jiā

在 外滩 附近。周 老师 上 口语 课，宋 老师 上
zài Wàitān fùjìn. Zhōu lǎoshī shàng kǒuyǔ kè, Sòng lǎoshī shàng

听力 课。我们 都 很 喜欢 这 两 位 老师，喜欢
tīnglì kè. Wǒmen dōu hěn xǐhuan zhè liǎng wèi lǎoshī, xǐhuan

上 他们 的 课。他们 是 我们 的 好 老师，也 是
shàng tāmen de kè. Tāmen shì wǒmen de hǎo lǎoshī, yě shì

我们 的 好 朋友。
wǒmen de hǎo péngyou.

訳文

私たちのクラスには2人の先生がいます。1人の先生は姓を周といい、もう1人は姓を宋といいます。周先生は女性で、家は学校の近くにあります。宋先生は男性で、家は外灘の近くにあります。周先生は会話を担当し、宋先生はリスニングを担当しています。私たちはこの2人の先生が大好きで、2人の授業が好きです。彼らは私たちのよい先生であり、よい友達でもあります。

ポイント

1. 選択疑問文

選択疑問文は、接続詞"还是"を用いて可能性のある二つの答えを並列して、相手にその一つを選択させる疑問文である。

①你 来 **还是** 不 来？
Nǐ lái háishi bù lái?
（君は来ますか。）

②他 是 老师 **还是** 大夫？
Tā shì lǎoshī háishi dàifu?
（彼は先生ですかそれとも医者ですか。）

2. 省略疑問文

省略疑問文は、代詞や名詞（連語）の後に語気助詞"呢"を付けて尋ねる疑問文である。この疑問文で尋ねられる内容は前文で分かる。

①我 是 北京 人，你 **呢**？
Wǒ shì Běijīng rén, nǐ ne?
（私は北京出身ですが、あなたは。）

②李 老师 教 汉语，王 老师 **呢**？
Lǐ lǎoshī jiāo Hànyǔ, Wáng lǎoshī ne?
（李先生は中国語を教えていますが、王先生は。）

練習問題

1. 次の文を日本語に訳しなさい。
   ①我们玩儿到十二点才回宿舍。

   ②你是坐飞机来的，他呢？

   ③今天晚上我晚一点儿回家。

   ④你喜欢坐火车还是坐飞机？

   ⑤下个月的第一个星期天就是我的生日。

2. 次の文を中国語に訳しなさい。
   ①君はどうして今ごろ来たのですか。

   ②明日君は少し早く来なさい。

   ③今日、一時限目は授業はありません。

   ④あなたはリンゴを買いますか、それともミカンを買いますか。

   ⑤私は来月に日本に帰りますが、君たちはどうしますか。

3. 次の（ ）に適当な単語を選んで入れなさい。

①我（　　）一次来上海。

②我身体很好，你（　　）？

③今天我们学（　　）第二十五页。

④他住和平饭店（　　）锦江饭店？

（到　呢　还是　第）

語　釈

- 上课【動】shàngkè 授業に出る
- 复习【動】fùxí 復習する
- 还是【接】háishi それとも
- 前天【名】qiántiān 一昨日
- 口语【名】kǒuyǔ 口語、話し言葉
- 朋友【名】péngyou 友達
- 节【量】jié 授業のコマ数を数える量詞
- 课文【名】kèwén テキストの本文
- 开始【動】kāishǐ 始まる
- 月底【名】yuèdǐ 月末
- 听力【名】tīnglì （外国語の）聞き取り能力

Dì shíqī kè

第17課
我 来 看 朋友。
Wǒ lái kàn péngyou.

(一)

A：你 是 日本人 吧？
Nǐ shì Rìběnrén ba?
(あなたは日本人でしょう。)

B：对。我 来 看 朋友。你 认识 不 认识 山本 明？
Duì. Wǒ lái kàn péngyou. Nǐ rènshi bu rènshi Shānběn Míng?
(そうです。私は友達に会いに来ました。あなたは山本明さんを知っていますか。)

A：不 认识。 我们 这儿 日本人 很 多。请 问, 你 是
Bú rènshi. Wǒmen zhèr Rìběnrén hěn duō. Qǐng wèn, nǐ shì
不 是 在 领事馆 工作？
bu shì zài lǐngshìguǎn gōngzuò?
(いいえ、知りません。ここには日本人がたくさんいます。お尋ねしますが、領事館にお勤めですか。)

B：不。我 在 北京 的 一 家 公司 工作。
Bù. Wǒ zài Běijīng de yì jiā gōngsī gōngzuò.
(いいえ、わたしは北京のある会社で働いています。)

(二)

A：我 今天 有点儿 不 舒服，不 能 去 工作。
Wǒ jīntiān yǒudiǎnr bù shūfu, bù néng qù gōngzuò.
(私は今日少し気分が悪いので出勤できません。)

第17課 Dì shíqī kè

B：你 哪儿 不 舒服？ 是 胃 不 舒服 吗？
　　Nǐ nǎr bù shūfu? Shì wèi bù shūfu ma?
（どこが悪いのですか。胃が悪いのですか。）

A：不, 我 头 有点儿 疼。 昨天 晚上 很 晚 才
　　Bù, wǒ tóu yǒudiǎnr téng. Zuótiān wǎnshang hěn wǎn cái
睡觉。
shuìjiào.
（いいえ、頭がちょっと痛いです。昨晩、遅く寝たからです。）

B：那 你 休息 吧。我 告诉 王 先生 你 不 能 去
　　Nà nǐ xiūxi ba. Wǒ gàosu Wáng xiānsheng nǐ bù néng qù
工作。
gōngzuò.
（それでは休んで下さい。出勤できないことを王さんにお伝えします。）

（三）

我们 学校 有 三 百 八十 多 个 留学生, 他们
Wǒmen xuéxiào yǒu sān bǎi bāshí duō ge liúxuéshēng, tāmen
都 住在 留学生 宿舍 里。留学生 宿舍 有 三 个
dōu zhùzài liúxuéshēng sùshè li. Liúxuéshēng sùshè yǒu sān ge
楼, 一 号 楼 住 的 都 是 男 学生, 二 号 楼 住
lóu, yī hào lóu zhù de dōu shì nán xuésheng, èr hào lóu zhù
的 都 是 女 学生, 三 号 楼 里 有 男 学生 也 有
de dōu shì nǚ xuésheng, sān hào lóu li yǒu nán xuésheng yě yǒu
女 学生。 留学生 宿舍 不 在 学校 里, 在 学校
nǚ xuésheng. Liúxuéshēng sùshè bú zài xuéxiào li, zài xuéxiào
旁边, 离 市 中心 不 太 远。 坐 公共 汽车 去
pángbiān, lí shì zhōngxīn bú tài yuǎn. Zuò gōnggòng qìchē qù

第17課

Dì shíqī kè

市　中心　要　半　个　小时，坐　出租　汽车　只　要　一
shì zhōngxīn yào bàn ge xiǎoshí, zuò chūzū qìchē zhǐ yào yí

刻　钟。
kè zhōng.

訳文

　　私たちの学校には380人余りの留学生がいます。彼らは留学生寮に住んでいます。留学生寮は3つの建物があり、一号館には男子学生が住み、2号館には女子学生が住んでいます。
　　3号館には男子学生も女子学生も住んでいます。留学生寮は学校の中にはなく、学校のそばにあり、市の中心部からそれほど遠くありません。バスで市の中心部に行くには30分かかりますが、タクシーに乗れば15分しかかかりません。

ポイント Point

1. "是不是"を用いた疑問文

話し手がある状況について一応の推測はしているが、さらにそれを確認するために、"是不是"を用いて尋ねることができる。

① **是不是** 他 也 来 参加？
Shì bu shi tā yě lái cānjiā?
（彼も出席するのですか。）

②你 **是不是** 帮助过 他？
Nǐ shì bu shi bāngzhùguo tā?
（あなたは彼を手伝ったのですか。）

2. 有（一）点儿

副詞"有（一）点儿"が形容詞の前に用いられると、不本意で望ましくないことか、あるいは予想していた基準からはずれていることを表す。

①他 **有点儿** 不 满意。
Tā yǒudiǎnr bù mǎnyì.
（彼は少し不満をもっている。）

②这 件 事 **有点儿** 麻烦。
Zhè jiàn shì yǒudiǎnr máfan.
（この事は少し面倒だ。）

練習問題

Lesson

1. 次の文を日本語に訳しなさい。

   ①他们结婚以后要去日本。

   ②信封里还有一张电影票。

   ③今天的练习有点儿难。

   ④我告诉王老师你不能去上课。

   ⑤我只认识刘老师，别的老师都不认识。

2. 次の文を中国語に訳しなさい。

   ①私は頭が少し痛い。

   ②私の所には外国人が多い。

   ③あなたはまだほかのものがいりますか。

   ④映画が始まってから彼はやっと来た。

   ⑤私のお金はオーバーの中に入れてあります。

第17課　Dì shíqī kè

3. 次の（　）に適当な単語を選んで入れなさい。

①自行车不在房间（　　　）。

②胃（　　　）不舒服。

③昨天晚上很晚（　　　）睡觉。

④我只吃苹果，别的（　　　）不吃。

（有点儿　都　里　才）

語　釈

- 认识【動】rènshi　知っている
- 公司【名】gōngsī　会社
- 胃【名】wèi　胃
- 昨天【名】zuótiān　昨日
- 休息【動】xiūxi　休む
- 宿舍【名】sùshè　寮
- 市中心【名】shì zhōngxīn　市の中心部
- 一刻【名】yīkè　15分

- 工作【動】gōngzuò　働く
- 有点儿【副】yǒudiǎnr　ちょっと、少々
- 疼【形】téng　痛い
- 睡觉【動】shuìjiào　眠る
- 告诉【動】gàosu　伝える、教える
- 旁边【名】pángbiān　そば、近く
- 小时【名】xiǎoshí　時間の単位

第18課

他在阅览室看报。
Tā zài yuélǎnshì kàn bào.

(一)

A：请问，王老师在吗？
Qǐng wèn, Wáng lǎoshī zài ma?
(すみません、王先生はいらっしゃいますか。)

B：你找哪个王老师？我们这儿有两个王老师。
Nǐ zhǎo nǎge Wáng lǎoshī? Wǒmen zhèr yǒu liǎng ge Wáng lǎoshī.
(どの王先生をお探しですか。ここには2人の王先生がおられます。)

A：他是男的。
Tā shì nán de.
(男性の王先生です。)

B：两个王老师都是男的。你知道他的名字吗？
Liǎng ge Wáng lǎoshī dōu shì nán de. Nǐ zhīdao tā de míngzi ma?
(2人の王先生はどちらも男性です。先生の名前を知っていますか。)

A：不知道。
Bù zhīdao.
(知りません。)

B：他是教什么的？教历史的还是教经济的？
Tā shì jiāo shénme de? Jiāo lìshǐ de háishi jiāo jīngjì de?
(彼は何を教えていますか。歴史ですか、それとも経済ですか。)

A：教 历史 的。
　　Jiāo lìshǐ de.
　　(歴史を教えています。)

B：哦，你 是 找 王 林 老师。他 在 阅览室 看 报。
　　Ò, nǐ shì zhǎo Wáng Lín lǎoshī. Tā zài yuèlǎnshì kàn bào.
　　(ああ、王林先生を探しているのですね。彼は閲覧室で新聞を見ています。)

A：谢谢。
　　Xièxie.
　　(ありがとうございました。)

(二)

A：这些 汉字 真 漂亮！ 谁 写 的？
　　Zhèxiē hànzi zhēn piàoliang! Shuí xiě de?
　　(これらの漢字はほんとうにきれいですね。誰が書いたのですか。)

B：我 写 的。
　　Wǒ xiě de.
　　(私が書いたのです。)

A：你 能 写 这么 漂亮 的 汉字？
　　Nǐ néng xiě zhème piàoliang de hànzi?
　　(あなたはこんなにきれいな漢字が書けるのですか。)

B：怎么，你 不 相信？ 我 告诉 你，在 我们 日本
　　Zěnme, nǐ bù xiāngxìn? Wǒ gàosu nǐ, zài wǒmen Rìběn
　　每 个 学生 都 要 学 写 汉字。现在 我 每天
　　měi ge xuésheng dōu yào xué xiě hànzi. Xiànzài wǒ měitiān
　　要 写 三 百 个。
　　yào xiě sān bǎi ge.
　　(ええ、あなたは信じないのですか。では教えましょう。私たち日

128

本では学生は誰でも漢字を書くのを学ばなければなりません。今も
私は毎日300の漢字を書いています。)

A：怪不得 你 写 的 汉字 这么 好看。
　　Guàibude nǐ xiě de hànzi zhème hǎokàn.

你 真 了不起 啊！
Nǐ zhēn liǎobuqǐ a!
（なるほど、あなたの書いた漢字はとてもきれいです。ほんとうに
すばらしいですね。)

（三）

星期六 是 玛丽 的 生日, 我 是 星期四 才 知道
Xīnqīliù shì Mǎlì de shēngri, wǒ shì xīngqīsì cái zhīdao

的。我们 每 个 人 都 准备 一 件 生日 礼物。
de. Wǒmen měi ge rén dōu zhǔnbèi yí jiàn shēngri lǐwù.

星期六 晚上, 我们 都 到 玛丽 的 房间。我 是
Xīngqīliù wǎnshang, wǒmen dōu dào Mǎlì de fángjiān. Wǒ shì

第 一 个 到 的。我 送 玛丽 一 个 生日 大
dì yí ge dào de. Wǒ sòng Mǎlì yí ge shēngri dà

蛋糕, 是 在 和平 饭店 买 的。马丁 送 她 一 支
dàngāo, shì zài Hépíng fàndiàn mǎi de. Mǎdīng sòng tā yì zhī

漂亮 的 笔, 是 他 妈妈 给 他 的。山本 明 送
piàoliang de bǐ, shì tā māma gěi tā de. Shānběn Míng sòng

她 一 本 书, 书 的 名字 叫 《家》, 是 中国 一
tā yì běn shū, shū de míngzi jiào 《Jiā》, shì Zhōngguó yí

个 很 有名 的 作家 写 的。
ge hěn yǒumíng de zuòjiā xiě de.

第18課

玛丽 非常 高兴，她 说："谢谢 你们！"
Mǎlì fēicháng gāoxìng, tā shuō: "Xièxie nǐmen!"

訳文

　土曜日はマリーさんの誕生日です。私は木曜日に知りました。私たちはそれぞれ誕生日のプレゼントを用意しました。土曜日の夜、私たちはマリーさんの部屋を訪ねました。私が一番初めに着きました。私はマリーさんに誕生日の大きなケーキをプレゼントしました。和平飯店で買いました。マーチンさんはきれいなペンをプレゼントしました。お母さんにもらったものです。山本明さんは本をプレゼントしました。書名は「家」で、中国の有名な作家が書いたものです。マリーさんはとても喜んで「みなさんありがとう」と言いました。

Dì shíbā kè

ポイント

1．的字連語

的字連語は名詞・代詞・形容詞・動詞などの後に助詞"的"を加えてできた連語である。的字連語は文の中で名詞に相当する。

① 这 本 书 是 **图书馆 的**。
Zhè běn shū shì túshūguǎn de.
（この本は図書館のものです。）

② 我 的 词典 不 是 **新 的**，他 的 是 **新 的**。
Wǒ de cídiǎn bú shì xīn de, tā de shì xīn de.
（私の辞書は新しくありません。彼のは新しい。）

2．这么

代詞"这么"は程度が高いことを表す。また話し手の感嘆の語気が含まれている。

① 你 工作 **这么** 忙 吗？
Nǐ gōngzuò zhème máng ma?
（あなたは仕事がこんなに忙しいのですか。）

② **这么** 难 的 练习，我 不 会 做。
Zhème nán de liànxí, wǒ bú huì zuò.
（こんな難しい練習問題は私はできません。）

3．怎么

"怎么"は文頭に用いて後にポーズを入れると、驚きやいぶかる語気を表す。

① **怎么**，这么 多 人！
Zěnme, zhème duō rén!
（なんで、こんなに人が多いのでしょう。）

② **怎么**，你 不 认识 我？
Zěnme, nǐ bú rènshi wǒ?
（どうして、私を忘れたの。）

練習問題 — Lesson

1. 次の文を日本語に訳しなさい。
   ① 这个电话是我打的。

   ② 张先生的家很难找。

   ③ 怎么，你不会骑自行车。

   ④ 我喜欢甜的，不喜欢辣的。

   ⑤ 这么多人，咱们换个地方吧！

2. 次の文を中国語に訳しなさい。
   ① これは誰がしましたか。

   ② 洗濯はすべて私がしました。

   ③ リンゴには大きいのもあれば小さいのもある。

   ④ ええ、君は山本さんを知らないのですか。

   ⑤ 私は中国人の友達を訪ねようと思います。

3. 次の（ ）に適当な単語を選んで入れなさい。

①这（　　）他哥哥买的。

②便宜（　　）一定不是好的。

③你的话我（　　）不相信呢。

④（　　），你不去看电影。

（的　怎么　是　才）

第18課

語 釈

- 在【動】zài ある、いる
- 知道【動】zhīdao 知る、分かる
- 经济【名】jīngjì 経済
- 报【名】bào 新聞
- 写【動】xiě 書く
- 怪不得 guàibude 道理で
- 这么【代】zhème このように
- 星期四【名】xīngqīsì 木曜日
- 送【動】sòng プレゼントする、贈る
- 高兴【形】gāoxìng うれしい、愉快になる

- 找【動】zhǎo 訪ねる、探す
- 历史【名】lìshǐ 歴史
- 阅览室【名】yuèlǎnshì 閲覧室
- 汉字【名】hànzi 漢字
- 相信【動】xiāngxìn 信じる
- 好看【形】hǎokàn 美しい、見た目がきれいだ
- 了不起【形】liǎobuqǐ たいしたものだ
- 礼物【名】lǐwù 贈り物
- 笔【名】bǐ ペン、筆

Dì shíjiǔ kè

第19課

他今年五十五岁。
Tā jīnnián wǔshíwǔ suì.

（一）

A：这是你们全家的照片吧？
　　Zhè shì nǐmen quánjiā de zhàopiàn ba?
　　（これはご家族全員の写真ですか。）

B：嗯。我家就是这五个人。
　　Ńg. Wǒ jiā jiùshì zhè wǔ ge rén.
　　（はい。私の家にはこの５人しかいません。）

A：你父亲多大年纪了？
　　Nǐ fùqin duō dà niánjì le?
　　（お父さんはおいくつですか。）

B：他今年五十五岁。
　　Tā jīnnián wǔshíwǔ suì.
　　（父は今年55歳です。）

A：他是干什么工作的？
　　Tā shì gàn shénme gōngzuò de?
　　（お父さんはどんな仕事をしていますか。）

B：他是大学里的历史教授。
　　Tā shì dàxué li de lìshǐ jiàoshòu.
　　（父は大学の歴史の教授です。）

A：你母亲工作吗？
　　Nǐ mǔqin gōngzuò ma?
　　（お母さんは働いていますか。）

B：工作。她是书店的经理。
Gōngzuò. Tā shì shūdiàn de jīnglǐ.
(働いています。母は本屋の社長です。)

A：这是你姐姐吧？
Zhè shì nǐ jiějie ba?
(この方はお姉さんですか。)

B：对。明年她要结婚了。
Duì. Míngnián tā yào jiéhūn le.
(そうです。来年彼女は結婚します。)

A：你弟弟多大了？
Nǐ dìdi duō dà le?
(弟さんはいくつですか。)

B：他快二十岁了。
Tā kuài èrshí suì le.
(彼はまもなく20歳になります。)

（二）

A：是刘老师啊，您好！快请进，请这儿坐。
Shì Liú lǎoshī a, nín hǎo! Kuài qǐng jìn, qǐng zhèr zuò.
(ああ、劉先生、こんにちは。はやくお入り下さい。ここにお掛け下さい。)

B：这儿真凉快。
Zhèr zhēn liángkuai.
(ここはほんとうに涼しいですね。)

A：我的房间有空调。刘老师，请喝点儿
Wǒ de fángjiān yǒu kōngtiáo. Liú lǎoshī, qǐng hē diǎnr
日本茶。还有水果，我刚买的，请吃一点儿
Rìběnchá. Hái yǒu shuǐguǒ, wǒ gāng mǎi de, qǐng chī yìdiǎnr

Dì shíjiǔ kè

吧。
ba.
(私の部屋にはエアコンが入っていますから。劉先生、日本茶は如何ですか。ほかに果物もあります。買ったばかりです。少し召し上がって下さい。)

B：谢谢。 山本，学习 汉语 有 什么 问题 吗？
Xièxie. Shānběn, xuéxí Hànyǔ yǒu shénme wèntí ma?
(ありがとう。山本君、中国語の勉強で何か問題がありますか。)

A：汉字 没有 问题， 就是 听力 不 太 好。
Hànzì méiyǒu wèntí, jiùshì tīnglì bú tài hǎo.
(漢字は問題ありませんが、ただヒアリングがあまりよくありません。)

B：我 这儿 有 一 盒 课文 的 录音带， 你 用 吧。
Wǒ zhèr yǒu yì hé kèwén de lùyīndài, nǐ yòng ba.
多 听 就 能 提高 的。
Duō tīng jiù néng tígāo de.
(私のところにテキストの録音テープがあるので、使って下さい。よく聞けばヒアリングの能力が向上します。)

A：谢谢 老师！
Xièxie lǎoshī!
(先生、ありがとうございます。)

（三）

你 看， 这 是 我们 全家 的 照片。年纪 最 大 的，
Nǐ kàn, zhè shì wǒmen quánjiā de zhàopiàn. Niánjì zuì dà de,

当然 是 我 父亲，他 快 五十 了。他 是 一 家 公司
dāngrán shì wǒ fùqin, tā kuài wǔshí le. Tā shì yì jiā gōngsī

的 经理。他 工作 非常 忙，每天 很 早 去 上班，
de jīnglǐ. Tā gōngzuò fēicháng máng, měitiān hěn zǎo qù shàngbān,

很 晚 才 回家。这 是 我 母亲，她 今年 四十五 岁。
hěn wǎn cái huíjiā. Zhè shì wǒ mǔqin, tā jīnnián sìshíwǔ suì.

她 在 一 家 服装 商店 工作。这 是 我 姐姐。
Tā zài yì jiā fúzhuāng shāngdiàn gōngzuò. Zhè shì wǒ jiějie.

她 很 漂亮，穿 的 是 很 流行 的 衣服。她 明年
Tā hěn piàoliang, chuān de shì hěn liúxíng de yīfu. Tā míngnián

要 结婚 了。这个 是 我，也 快 二十 岁 了。
yào jiéhūn le. Zhège shì wǒ, yě kuài èrshí suì le.

訳文

　　見て下さい。これが私たち一家の写真です。最も年をとっているのがもちろん父で、やがて50歳になります。彼はある会社の社長です。彼は仕事がとても忙しく、毎日早く出勤し、遅くなって帰宅します。これが母で、今年45歳です。彼女はある洋装店で働いています。これが姉です。彼女はとてもきれいで、流行の服を着ています。彼女は来年結婚します。これが私で、もうすぐ20歳になります。

ポイント

1. 語気助詞 "了"

語気助詞 "了" は文末に用いてある事件や状況が生じること、あるいは事態の変化を表す。

① 我 今年 二十 岁 了。（私は今年20歳です。）
　　Wǒ jīnnián èrshí suì le.

② 我 不 想 去 了。（私は行くのをやめました。）
　　Wǒ bù xiǎng qù le.

2. "要…了" "快…了"

この構文は "要" "快" と語気助詞が呼応したもので、動詞の前に用いられるとある動作がまもなく行われるか、あるいはある状況がまもなく起こることを表す。

① 我们 要 考试 了。
　　Wǒmen yào kǎoshì le.
　　（私たちはもうすぐ試験です。）

② 我 的 生日 快 到 了。
　　Wǒ de shēngri kuài dào le.
　　（もうすぐ私の誕生日です。）

3. 就是

副詞 "就是" は範囲を限定し、他を排除して「ただ…だけが」という意味を表す。

① 我 爸爸 就是 喜欢 我。
　　Wǒ bàba jiùshì xǐhuan wǒ.
　　（父は私だけが好きです。）

② 他 说 的 我 就是 不 相信。
　　Tā shuō de wǒ jiùshì bù xiāngxìn.
　　（彼の話は私はどうしても信じられない。）

練習問題

1. 次の文を日本語に訳しなさい。
   ① 玛丽喜欢自己做饭吃。

   ② 这是她送你的生日礼物吗？

   ③ 他们都是大学里的汉语老师。

   ④ 你怎么知道我的生日是四月二十号。

   ⑤ 现在不要去找李老师，他在休息。

2. 次の文を中国語に訳しなさい。
   ① 気候が涼しくなった。

   ② 彼らはもうやがて来ます。

   ③ 今日、私はとても嬉しい。

   ④ どうぞもう言わないで下さい。

   ⑤ 私はこの本をもう一度読みたい。

3. 次の（ ）に適当な単語を選んで入れなさい。

①请（　　）念一遍课文。

②我父亲（　　）五十了。

③我们（　　）去旅行了。

④今天的练习（　　）难了。

（要　太　再　快）

語　釈

- 全家【名】quánjiā　家族全員
- 大【形】dà　〔年齢が〕大きい
- 书店【名】shūdiàn　本屋、書店
- 明年【名】míngnián　来年
- 快【副】kuài　もうすぐ
- 空调【名】kōngtiáo　エアコン
- 刚【副】gāng　たった今…したばかり
- 就是【副】jiùshì　ただ…だけが
- 上班【動】shàngbān　出勤する

- 多【副】duō　どれだけ、どのくらい
- 年纪【名】niánjì　年齢
- 经理【名】jīnglǐ　社長、経営者
- 结婚【動】jiéhūn　結婚する
- 凉快【形】liángkuai　涼しい
- 水果【名】shuǐguǒ　果物
- 问题【名】wèntí　問題
- 录音带【名】lùyīndài　録音テープ

Dì èrshí kè

第20課
今天 就 吃 北京 菜 吧。
Jīntiān jiù chī Běijīng cài ba.

（一）

A：这 条 马路 有 没有 饭馆？
Zhè tiáo mǎlù yǒu méiyou fànguǎn?
（この通りにレストランがありますか。）

B：一定 有。市 中心 每 条 马路 都 有 饭馆。
Yídìng yǒu. Shì zhōngxīn měi tiáo mǎlù dōu yōu fànguǎn.
（きっとあるでしょう。市の中心部にはどの通りにもレストランはあります。）

A：瞧，那儿 有 个 饭馆。咱们 进去 吧。
Qiáo, nàr yǒu ge fànguǎn. Zánmen jìnqu ba.
（ごらんなさい、あそこにレストランがあります。私たちは入りましょう。）

B：这 家 饭馆 不错，很 干净，人 也 不 多。咱们
Zhè jiā fànguǎn búcuò, hěn gānjìng, rén yě bù duō. Zánmen
就 在 这儿 吃 吧。
jiù zài zhèr chī ba.
（このレストランはいいですね。きれいでお客も多くありません。私たちはここで食事をしましょう。）

C：两 位 小姐，请 这儿 坐。吃 中餐 还是 吃 西餐？
Liǎng wèi xiǎojiě, qǐng zhèr zuò. Chī zhōngcān háishi chī xīcān?
（2人のお嬢さん、どうぞこちらにお掛け下さい。中国料理にしますか、それとも西洋料理にしますか。）

B：吃 中餐。
　　Chī zhōngcān.
　　（中国料理にします。）

C：我们 饭馆 有 北京 风味 的 菜，还 有 四川
　　Wǒmen fànguǎn yǒu Běijīng fēngwèi de cài, hái yǒu Sìchuān
　　风味 的 菜。你们 喜欢 哪 一 种？
　　fēngwèi de cài. Nǐmen xǐhuan nǎ yì zhǒng?
　　（うちには北京風の料理と四川風の料理がありますが、どちらになさいますか。）

A：四川菜 很 辣，今天 就 吃 北京菜 吧。
　　Sìchuāncài hěn là, jīntiān jiù chī Běijīngcài ba.
　　（四川料理は辛いから、今日は北京料理にします。）

B：好 吧。过 几 天 来 吃 四川菜。我 很 喜欢 吃
　　Hǎo ba. Guò jǐ tiān lái chī Sìchuāncài. Wǒ hěn xǐhuan chī
　　四川菜。
　　Sìchuāncài.
　　（そうですね。2、3日したら四川料理を食べに来ます。私は四川料理が好きです。）

Dì èrshí kè

(二)

A：你们 来 我 家 作客，我 非常 高兴。快 请 坐！
　　Nǐmen lái wǒ jiā zuòkè, wǒ fēicháng gāoxìng. Kuài qǐng zuò!
　　（私の家においでいただいて非常に嬉しく思います。どうぞお掛け下さい。）

B：你 家 人 多 吗？
　　Nǐ jiā rén duō ma?
　　（ご家族は多いですか。）

A：不 多，一共 四 口 人。
　　Bù duō, yígòng sì kǒu rén.
　　（多くありません。全部で4人です。）

C：他们 人 呢？
　　Tāmen rén ne?
　　（ご家族のみなさんは。）

A：爸爸、妈妈 都 在 上班，我 妹妹 在 上学。
　　Bàba、 māma dōu zài shàngbān, wǒ mèimei zài shàngxué.
　　（父、母は勤めで、妹は学校です。）

B：你 家 非常 干净。那 是 做 饭 的 房间 吗？
　　Nǐ jiā fēicháng gānjìng. Nà shì zuò fàn de fángjiān ma?
　　（お宅はきれいですね。あそこは台所ですか。）

A：对。那 叫 厨房。这个 叫 会客室。旁边 那个 是
　　Duì. Nà jiào chúfáng. Zhège jiào huìkèshì. Pángbiān nàge shì
　　卫生间。 还 有 两 个 睡觉 的 房间，叫 卧室。
　　wèishēngjiān. Hái yǒu liǎng ge shuìjiào de fángjiān, jiào wòshì.
　　欸，你们 想 喝 点儿 什么？喜欢 咖啡 还是 茶？
　　Ē, nǐmen xiǎng hē diǎnr shénme? Xǐhuan kāfēi háishi chá?
　　（そうです。あれは「厨房」と言い、これは「会客室」と言います。そばにあるのはバスルームです。さらに寝室が2間ありますが、

「卧室」と言います。ねえ、何か飲みますか。コーヒーにしますか、それともお茶にしますか。）

C：我 喝 茶。
　　Wǒ hē chá.
　　（私はお茶にします。）

B：我 喜欢 喝 咖啡。
　　Wǒ xǐhuan hē kāfēi.
　　（私はコーヒーが好きです。）

A：再 吃 点儿 水果 吧。这儿 有 苹果、香蕉、
　　Zài chī diǎnr shuǐguǒ ba. Zhèr yǒu píngguǒ、xiāngjiāo、
　　橘子 和 梨。你们 喜欢 什么？
　　júzi hé lí. Nǐmen xǐhuan shénme?
　　（果物は如何ですか。ここにリンゴ、バナナ、ミカンと梨がありますが、何が好きですか。）

C：我 爱 吃 苹果。
　　Wǒ ài chī píngguǒ.
　　（私はリンゴが好きです。）

B：我 爱 吃 香蕉。
　　Wǒ ài chī xiāngjiāo.
　　（私はバナナが好きです。）

A：你们 多 吃 点儿，别 客气。
　　Nǐmen duō chī diǎnr, bié kèqi.
　　（たくさんお召し上がり下さい。ご遠慮なく。）

Dì èrshí kè

（三）

今天 我 和 山本 明 去 张 红 家 作客。张
Jīntiān wǒ hé Shānběn Míng qù Zhāng Hóng jiā zuòkè. Zhāng

红 家 人 不 多， 一共 四 口 人。她 爸爸 是
Hóng jiā rén bù duō, yígòng sì kǒu rén. Tā bàba shì

北京人， 在 一 个 大学 工作。她 妈妈 是 四川人，
Běijīngrén, zài yí ge dàxué gōngzuò. Tā māma shì Sìchuānrén,

在 一 家 公司 工作。她 妹妹 在 上 中学。我们
zài yì jiā gōngsī gōngzuò. Tā mèimei zài shàng zhōngxué. Wǒmen

到 张 红 家 的 时候，她 爸爸、妈妈 都 不 在 家。
dào Zhāng Hóng jiā de shíhou, tā bàba, māma dōu bú zài jiā.

张 红 和 我 在 厨房 做 饭，山本 明 和 张 红
Zhāng Hóng hé wǒ zài chúfáng zuò fàn, Shānběn Míng hé Zhāng Hóng

妹妹 在 会客室 看 电视。张 红 做 的 菜 有 北京
mèimei zài huìkèshì kàn diànshì. Zhāng Hóng zuò de cài yǒu Běijīng

风味，我 和 山本 明 都 很 喜欢 吃。
fēngwèi, wǒ hé Shānběn Míng dōu hěn xǐhuan chī.

Dì èrshí kè

訳文

　今日、私と山本明さんは張紅さんの家を訪ねました。張紅さんの家は人が多くはなく、全部で4人です。お父さんは北京の出身で、ある大学に勤めています。お母さんは四川の出身で、ある会社に勤めています。妹は中学に通っています。私たちが張紅さんの家に着いた時は、お父さんとお母さんは留守でした。張紅さんと私は台所でご飯をつくり、山本明さんと張紅さんの妹は客間でテレビを見ていました。張紅さんの手料理は北京風で、私と山本明さんはとても好きです。

ポイント　Point

1．快

　形容詞"快"は動詞の前に用いて、ある動作を早くするように促す意味を表す。

①你 **快** 去 打 电话 吧！
　Nǐ kuài qù dǎ diànhuà ba!
　（君は早く行って電話をしなさい。）

②什么 事？ **快** 告诉 我。
　Shénme shì? Kuài gàosu wǒ.
　（なんの用事ですか。早く私に言いなさい。）

2. 在＋動詞

副詞"在"が動詞の前に置かれると、その動作が進行していることを表す。

① 我 在 做 作业。
　Wǒ zài zuò zuòyè.
　（私は宿題をしています。）

② 他们 都 在 听 音乐。
　Tāmen dōu zài tīng yīnyuè.
　（彼らは音楽を聞いています。）

3. 多

形容詞"多"が動詞の前に用いられると、その動作を多くすることを表す。

① 请 你 多 吃 点儿 水果。
　Qǐng nǐ duō chī diǎnr shuǐguǒ.
　（どうぞ果物をたくさん食べて下さい。）

② 你 身体 不 好，多 休息 几 天。
　Nǐ shēntǐ bù hǎo, duō xiūxi jǐ tiān.
　（あなたは体調が良くないから、十分に休んで下さい。）

練習問題

1. 次の文を日本語に訳しなさい。
   ① 过几天再来吃四川菜。

   ② 咖啡里再加点儿牛奶。

   ③ 我可以再问一个问题吗？

   ④ 每次上课他都早来五分钟。

   ⑤ 市中心每条马路都有饭馆。

2. 次の文を中国語に訳しなさい。
   ① 今日は何の授業に出ますか。

   ② 私は四川料理が一番好きです。

   ③ 私たちはさらに30分待ちましょう。

   ④ 私たちはみな山本さんの部屋にいます。

   ⑤ 早く新しい学生を迎えに行きましょう。

3. 次の（　）に適当な単語を選んで入れなさい。

①（　　）买点儿别的水果吧。

②下午的听力课（　　）上不上？

③我们一共只有十（　　）个人。

④（　　）个学生都有一本汉语课本。

（还　每　再　几）

語 釈

- 饭馆【名】fànguǎn レストラン
- 干净【形】gānjìng 清潔である
- 西餐【名】xīcān 西洋料理
- 菜【名】cài 料理
- 过【動】guò （時間が）たつ
- 在【副】zài 動作が進行中であることを表す
- 厨房【名】chúfáng 台所
- 卫生间【名】wèishēngjiān 洗面所、バスルーム
- 咖啡【名】kāfēi コーヒー
- 梨【名】lí ナシ
- 瞧【動】qiáo 見る
- 中餐【名】zhōngcān 中国料理
- 风味【名】fēngwèi 味わい
- 辣【形】là 辛い
- 作客【動】zuòkè （よその家に行き）客となる
- 上学【動】shàng xué 登校する
- 会客室【名】huìkèshì 客間
- 卧室【名】wòshì 寝室
- 香蕉【名】xiāngjiāo バナナ
- 爱【動】ài よく…する

練習問題解答例

第1課

1. ①張紅さん、こんにちは。
   ②みなさん、こんにちは。
   ③王さんはお元気ですか。
   ④李さんは如何ですか。
   ⑤王先生はとても元気です。

2. ①你们怎么样？
   ②张先生好吗？
   ③我们也很好。
   ④老师也好吗？
   ⑤我很好。你怎么样？

第2課

1. ①彼らはあまり忙しくありません。
   ②君たちの学校はきれいでない。
   ③私たちは勉強がとても忙しい。
   ④先生たちはみな忙しい。
   ⑤私たちは張先生がとても好きです。

2. ①他们都很好。
   ②我们学习不忙。
   ③妈妈身体不很好。
   ④我很喜欢王小姐。
   ⑤我们学校非常漂亮。

第3課

1. ①これは上海の地図です。
   ②彼は何という名前ですか。
   ③私は中国語の教師です。
   ④彼は勉強が嫌いです。
   ⑤誰がイギリスの留学生ですか。

2. ①他是中国学生。

②谁是你们老师？
③这是我们学校。
④我不叫张红。
⑤你们学习什么？

第4課

1. ①私はパンを3個ほしい。
②私は中国語辞書が一冊ほしい。
③これが私たちが勉強している学校です。
④私たちのクラスは全部で12名の学生がいます。
⑤私は中国の学生ではありません。日本の学生です。

2. ①你要什么？
②你要多少？
③这是我买的苹果。
④我买一公斤橘子。
⑤我只买牛奶，不买面包。

第5課

1. ①劉さんは子供が少ない。
②私はさらに牛乳が1本ほしい。
③これは私の息子の写真です。
④張先生の息子さんは中学に通っています。
⑤彼ら2人は文学を勉強しています。

2. ①中国人很多。
②张先生孩子多。
③这是我妈妈的名字。
④她还有一个儿子。
⑤王先生的女儿上小学。

第6課

1. ①マリーさんは牛乳とパンが好きです。
②私は4分の切手を2枚買います。
③牛乳だけを飲み、オレンジ・ジュースは飲みません。
④私は上海の旅行地図を持っていますが、あなたは欲しいですか。
⑤私はビール3本とそれにオレンジ・ジュースが2本欲しい。

2. ①苹果多少钱一公斤？
②我有啤酒，你喝吗？
③我买邮票和明信片。
④两个蛋糕一块四。
⑤只有邮票，没有信封。

第7課

1. ①君のお父さんはほんとうにすばらしい。
②あなたの奥さんはご在宅ですか。
③中村美佳さんは学校にいません。
④旅行の好きな人は多い。
⑤彼は私たちの大学の文学の先生です。

2. ①王先生在家。
②他家人很少。
③请喝橘子水。
④他的房间非常大。
⑤你们老师真不错！

第8課

1. ①今日は何曜日ですか。
②日曜日の夜はテレビを見ます。
③彼はいつ上海に着きますか。
④木曜日の午後は何の授業に出ますか。
⑤君は何時の映画のチケットを買いますか。

2. ①今天星期六。
②今天上午上课。
③你要什么面包。
④星期六晚上看电视吗？
⑤我们看八点的电影。

第9課

1. ①7月2日は水曜日です。
②今月は私は仕事が忙しい。
③君は日曜日に北京に来なさい。
④私は中国に行って中国文学の勉強をします。
⑤10月1日午後の映画のチケットはありますか。

2. ①明天三十号。
②我到上海旅游。
③你也买一本词典吧！
④这个星期我不在北京。
⑤十一月二十五号是我的生日。

第10課

1. ①君は私のところに来て掛けなさい。
②私はアメリカへ旅行するつもりです。
③私はバスで学校に行きます。
④君たちは一緒に張さんに会いに行きなさい。
⑤君は日曜日に何をする予定ですか。

2. ①我们一起吃吧。
②他们坐飞机来中国。
③我想来上海住。
④明天你打算干什么？
⑤他要去北京工作。

第11課

1. ①これはどなたの自転車ですか。
②私は中国語が少し話せます。
③夜君はダンスに行けますか。
④この本はきっと面白いでしょう。
⑤私はお茶が少し飲みたいが、ありますか。

2. ①我会骑自行车。
②我还有一点儿牛奶。
③明天他能到这儿。
④明天我一定去。
⑤你哪天去北京？

3. ①会　②哪　③一定　④都

第12課

1. ①イギリス人は当然英語が話せる。
②私は今すぐに行けます。
③今日の宿題は私はできます。

　　　　④今週末、彼らは杭州へ行きます。
　　　　⑤バスに乗れば10分で着きます。
2．　①这本书我有。
　　　②他下午就能来。
　　　③今天晚上我要回家。
　　　④邮局当然有邮票。
　　　⑤你能帮助我吗？

3．　①就　②当然　③要　④很

第13課

1．　①君のお母さんは働いていますか。
　　　②私は中国文学の勉強に来ました。
　　　③君は今日の宿題ができますか。
　　　④結婚式の出席者はあまり多くない。
　　　⑤彼が乗るのは55番のバスです。

2．　①要不要喝茶？
　　　②你现在有没有空？
　　　③船票不太贵。
　　　④我要的是明信片。
　　　⑤他是坐船来上海的。

3．　①去　②的　③是　④不

第14課

1．　①"欢迎"は日本語でどう言いますか。
　　　②郊外は空気がきれいです。
　　　③彼は中国銀行で外貨を換えます。
　　　④君はビールが飲みたいですか。
　　　⑤この服はデザインはいいし、値段も安い。

2．　①这件大衣贵不贵？
　　　②他们在饭馆吃饭。
　　　③你打算怎么干？
　　　④要不要买一点儿苹果？
　　　⑤郊区空气新鲜，人也少。

3．　①怎么　②舒服　③在　④也

第15課

1. ①自転車はここに置いてはいけません。
   ②私は姉さんの所に行って夕食を食べます。
   ③今、昼食まであと30分あります。
   ④日本から上海まで船で何時間かかりますか。
   ⑤私は先ず中国語を勉強して、それから中国文学を勉強します。

2. ①我们从这里进去。
   ②明天我们在这里上课。
   ③美国离中国很远。
   ④你的火车票在我这儿。
   ⑤我先到香港，再到上海。

3. ①在　②离　③到　④再

第16課

1. ①私たちは12時まで遊んで寮に帰りました。
   ②君は飛行機で来たが、彼は？
   ③今晩私は少し遅く帰宅します。
   ④君は汽車に乗るのが好きですか、それとも飛行機に乗るのが好きですか。
   ⑤来月の第1日曜日が私の誕生日です。

2. ①你怎么现在才来？
   ②明天你早一点儿来。
   ③今天第一节没有课。
   ④你买苹果还是买橘子？
   ⑤我下个月回日本，你们呢？

3. ①第　②呢　③到　④还是

第17課

1. ①彼らは結婚してから日本に行きます。
   ②封筒にはまだ1枚映画のチケットがあります。
   ③今日の練習問題は少し難しい。
   ④私は王先生に君が授業に出れないことを伝えました。
   ⑤私は劉先生しか知らず、ほかの先生は知りません。

2. ①我有点儿头疼。
   ②我们这儿外国人很多。

③你还要别的吗？
④电影开始以后他才来。
⑤我的钱放在大衣里。

3. ①里 ②有点儿 ③才 ④都

第18課

1. ①この電話は私が掛けました。
②張さんの家はとても捜しにくい。
③ええ、君は自転車に乗れないの。
④私は甘いのが好きで、辛いのは嫌いです。
⑤人がこんなに多いので、私たちは場所を変えましょう。

2. ①这是谁干的？
②衣服都是我洗的。
③苹果有大的，也有小的。
④怎么，山本你不认识？
⑤我想找个中国朋友。

3. ①是 ②的 ③才 ④怎么

第19課

1. ①マリーさんは自分で作って食べるのが好きです。
②これは彼女にもらった誕生日のプレゼントですか。
③彼らはみな大学の中国語教師です。
④君はどうして私の誕生日が4月20日であることを知っているのですか。
⑤今、李先生を訪ねに行ってはいけません。彼は休んでいます。

2. ①天气凉快了。
②他们快来了。
③今天我太高兴了。
④请你不要再说了。
⑤这本书我想再看一遍。

3. ①再 ②快 ③要 ④太

第20課

1. ①2、3日したらまた四川料理を食べに行きます。
②コーヒーにもう少しミルクを入れなさい。

③私はさらに質問をしていいですか。
④彼は毎回5分早く授業に出ます。
⑤市の中心部にはどの通りにもレストランはあります。

2. ①今天上什么课？
②我最爱吃四川菜。
③我们再等半个小时。
④我们都在山本的房间里。
⑤快去欢迎新同学。

3. ①再　②还　③几　④每

索 引

▼A▼
啊【助】a	86
爱【動】ài	152
爱人【名】àiren	59

▼B▼
班【名】bān	41
帮助【動】bāngzhù	92
报【名】bào	134
笔【名】bǐ	134
别【副】bié	78
比较【副】bǐjiào	114
不太【副】bútài	99
不用【副】búyòng	114

▼C▼
菜【名】cài	152
舱【名】cāng	99
参加【動】cānjiā	114
唱【動】chàng	92
车站【名】chēzhàn	114
厨房【名】chúfáng	152
出去【動】chūqu	99
出租汽车【名】chūzū qìchē	92
词典【名】cídiǎn	41
错【形】cuò	41

▼D▼
大【形】dà	142
蛋糕【名】dàngāo	53
当然【副】dāngrán	92
打算【動】dǎsuan	78
大衣【名】dàyī	106
等【動】děng	114
点【量】diǎn	41
电车【名】diànchē	114
电话【名】diànhuà	86
电视【名】diànshì	65
电影票【名】diànyǐngpiào	65
电影院【名】diànyǐngyuàn	114
弟弟【名】dìdi	59
地方【名】dìfang	78
地图【名】dìtú	53
都【副】dōu	29
对【形】duì	65
多【副】duō	142
多少【代】duōshao	41

▼E▼
儿子【名】érzi	47

▼F▼
房间【名】fángjiān	71
饭馆【名】fànguǎn	152
非常【副】fēicháng	29
飞机【名】fēijī	99
分【量】fēn	53
风味【名】fēngwèi	152
复习【動】fùxí	120
服装【名】fúzhuāng	106

▼G▼
干【動】gàn	65
刚【副】gāng	142

干净【形】gānjìng	152	
告诉【動】gàosu	126	
高兴【形】gāoxìng	134	
哥哥【名】gēge	59	
给【動】gěi	41	
公共汽车【名】gōnggòng qìchē	78	
公斤【名】gōngjīn	41	
公司【名】gōngsī	126	
工作【動】gōngzuò	126	
怪不得 guàibude	134	
关照【動】guānzhào	71	
贵【形】guì	99	
过【動】guò	152	
国画【名】guóhuà	86	

▼ H ▼

还是【接】háishi	120
还【副】hái	47
孩子【名】háizi	47
汉语【名】Hànyǔ	35
汉字【名】hànzi	134
好【形】hǎo	24
好【副】hǎo	86
号【名】hào	71
好看【形】hǎokàn	134
好听【形】hǎotīng	92
喝【動】hē	53
和【接】hé	59
很【副】hěn	24
后天【名】hòutiān	86
换【動】huàn	106
换（车）【動】huàn	114
回【動】huí	92
会客室【名】huìkèshì	152
婚礼【名】hūnlǐ	114
火车【名】huǒchē	99

▼ J ▼

几【代】jǐ	41
家【名】jiā	59
见【動】jiàn	86
教【動】jiāo	92
叫【動】jiào	35
角【量】jiǎo	53
郊区【名】jiāoqū	106
进去【動】jìnqu	106
节【量】jié	120
结婚【動】jiéhūn	142
姐姐【名】jiějie	59
进【動】jìn	59
经济【名】jīngjì	134
经理【名】jīnglǐ	142
进去【動】jìnqu	106
今天【名】jīntiān	65
久【形】jiǔ	86
就是【副】jiùshì	142
俱乐部【名】jùlèbù	78
橘子【名】júzi	41
橘子水【名】júzishuǐ	53

▼ K ▼

咖啡【名】kāfēi	152
开门【動】kāimén	41
开始【動】kāishǐ	120
看【動】kàn	92
课【名】kè	65
客气【形】kèqi	41
课文【名】kèwén	120
可以【能動】kěyǐ	86
空【名】kòng	86
空调【名】kōngtiáo	142
口语【名】kǒuyǔ	120
块 kuài → 元 yuán	

快【副】kuài	142	哪里【代】nǎli	114
快乐【形】kuàilè	71	难【形】nán	92
		男孩【名】nánhái	47
▼L▼		哪儿【代】nǎr	106
辣【形】là	152	能【能動】néng	86
老师【名】lǎoshī	24	你【代】nǐ	24
离【介】lí	114	年纪【名】niánjì	142
梨【名】lí	152	您【代】nín	29
两【数】liǎng	47	牛奶【名】niúnǎi	41
凉快【形】liángkuai	142	女儿【名】nǚ'ér	47
了不起【形】liǎobuqǐ	134	女孩【名】nǚhái	47
历史【名】lìshǐ	134		
流行【動】liúxíng	106	▼P▼	
留学生【名】liúxuéshēng	35	旁边【名】pángbiān	126
礼物【名】lǐwù	134	朋友【名】péngyou	120
楼【名】lóu	71	票【名】piào	99
录音带【名】lùyīndài	142	漂亮【形】piàoliang	29, 106
旅游【動】lǚyóu	53	啤酒【名】píjiǔ	53
		苹果【名】píngguǒ	41
▼M▼			
买【動】mǎi	41	▼Q▼	
马路【名】mǎlù	114	骑【動】qí	78
妈妈【名】māma	29	前天【名】qiántiān	120
忙【形】máng	29	瞧【動】qiáo	152
毛 máo → 角 jiǎo		请【動】qǐng	59
美国【名】Měiguó	35	去【動】qù	41
妹妹【名】mèimei	59	全家【名】quánjiā	142
面包【名】miànbāo	41		
明年【名】míngnián	142	▼R▼	
明天【名】míngtiān	71	认识【動】rènshi	126
明信片【名】míngxìnpiàn	53		
名字【名】míngzi	35	▼S▼	
摩托车【名】mótuōchē	114	上【動】shàng	47
		上学【動】shàng xué	152
▼N▼		上班【動】shàngbān	142
哪【代】nǎ	86	商店【名】shāngdiàn	41

163

索引

上课【動】shàngkè	41
上课【動】shàngkè	120
上午【名】shàngwǔ	65
生日【名】shēngri	71
什么【代】shénme	35
身体【名】shēntǐ	29
是【動】shì	35
事【名】shì	86
市中心【名】shì zhōngxīn	126
时候【名】shíhou	65
式样【名】shìyàng	106
书【名】shū	65
书店【名】shūdiàn	142
舒服【形】shūfu	99
谁【代】shuí	35
水果【名】shuǐguǒ	142
睡觉【動】shuìjiào	126
说【動】shuō	41
送【動】sòng	134
宿舍【名】sùshè	126

▼T▼

他【代】tā	35
疼【形】téng	126
天气【名】tiānqì	99
跳舞【動】tiàowǔ	78
听【動】tīng	92
听力【名】tīnglì	120
同屋【名】tóngwū	65
同学【名】tóngxué	24

▼W▼

外币【名】wàibì	106
外滩【名】Wàitān	78
玩儿【動】wánr	99
晚上【名】wǎnshang	65
胃【名】wèi	126
卫生间【名】wèishēngjiān	152
问【動】wèn	41
问题【名】wèntí	142
卧室【名】wòshì	152
舞会【名】wǔhuì	78

▼X▼

想【動】xiǎng	41
香蕉【名】xiāngjiāo	152
相信【動】xiāngxìn	134
先生【名】xiānsheng	24
现在【名】xiànzài	86
小姐【名】xiǎojiě	24
小时【名】xiǎoshí	126
下午【名】xiàwǔ	65
西餐【名】xīcān	152
写【動】xiě	134
谢谢 xièxie	29
喜欢【動】xǐhuan	29
信封【名】xìnfēng	53
行【形】xíng	86
星期六【名】xīngqīliù	41
星期四【名】xīngqīsì	134
星期天【名】xīngqītiān	65
星期五【名】xīngqīwǔ	65
新鲜【形】xīnxiān	106
休息【動】xiūxi	126
学习【動】xuéxí	29

▼Y▼

要【動】yào	41
要【動】yào	78
也【副】yě	24
一点儿【数量】yìdiǎnr	86
一定【副】yídìng	86

一共【副】yígòng	41
一刻【名】yíkè	126
英国【名】Yīngguó	35
一起【副】yìqǐ	41
用【動】yòng	99
有【動】yǒu	47
有意思【連】yǒu yìsi	106
有点儿【副】yǒudiǎnr	126
有名【形】yǒumíng	78
邮票【名】yóupiào	53
元【量】yuán	53
远【形】yuǎn	78
愿意【能動】yuànyi	106
月底【名】yuèdǐ	120
阅览室【名】yuèlǎnshì	134

▼Z▼

在【動】zài	134
在【副】zài	152
再见 zàijiàn	29
咱们【代】zánmen	78
怎么【代】zěnme	99
怎么样【代】zěnmeyàng	24
站【名】zhàn	106
张【量】zhāng	53
找【動】zhǎo	134
照片【名】zhàopiàn	47
这么【代】zhème	134
真【副】zhēn	59
只【副】zhǐ	47, 86
知道【動】zhīdao	134
中餐【名】zhōngcān	152
祝【動】zhù	71
住【動】zhù	71
准备【動】zhǔnbèi	78
坐【動】zuò	59

做【動】zuò	92
作客【動】zuòkè	152
昨天【名】zuótiān	126
作业【名】zuòyè	92

ポイント索引

アルファベット・五十音の順に表記。

▼B▼

吧	75
别	75
不	33
不很＋形容詞	27
不客气	39

▼C▼

从…到…	111
从	111

▼D▼

…的是…	97
多	45
多	149
多少	39

▼H▼

好的	39

▼J▼

几	39, 90
就	90
就是	139

▼K▼

快	148

▼L▼

离	112
两	45

▼M▼

吗	22
没有	57

索引

▼N▼

那	104
你好！	21
你好吗？	22

▼S▼

"是不是"を用いた疑問文	124
是的	33
是…的	97

▼X▼

先…再…	112

▼Y▼

"要…了""快…了"	139
也	22
一点儿	82
有（一）点儿	124

▼Z▼

在＋動詞	149
再见	27
这么	131
怎么	131

お金の数え方	51
介詞"在"	104
感嘆詞"啊"	83
形容詞述語文	76
語気助詞"了"	139
時間の表し方	63
主述述語文	57, 90
省略疑問文	118
接続詞"和"	57
選択疑問文	118
中国語の語順	22
追加疑問文"行吗"	83
月・日の表し方	69
的字連語	131
動詞＋在…	111
特定疑問文	33
人称代詞	21
値段の尋ね方	51
能願動詞"会"と"能"	82
能願動詞"可以"	82
反復疑問文	97
目的語	27
連動文（1）	69
連動文（2）	75
曜日の表し方	63

著者略歴

大内田三郎（おおうちだ・さぶろう）
大阪市立大学名誉教授　文学博士
北京外国語大学客員教授
1934年鹿児島県生まれ
大阪市立大学大学院博士課程修了
中国語学・中国文学専攻

著書

「中国語の基礎」（共著．光生館）
「新中国語入門」（共著．駿河台出版社）
「中国児童読物選」（白帝社）
「中国童話読物選」（駿河台出版社）
「基本表現中国語作文」（駿河台出版社）
「現代中国語」（共著．駿河台出版社）
「困った時の中国語」（共著．駿河台出版社）
「中国読物・中国歴史物語〈新訂版〉」（駿河台出版社）
「チィエイタン中国語20課」（駿河台出版社）
「基礎からよくわかる中国語文法参考書」（駿河台出版社）
「基本文型150で覚える中国語」（駿河台出版社）
「初歩から始める中国語」（駿河台出版社）
「日常会話で学ぶ中国語」（駿河台出版社）

聞く　話す　読む
基礎から着実に身につく中国語（CD付）

2004．10．01　初版第1刷発行

発行者　井　田　洋　二

発行所　株式会社　駿河台出版社
〒101-0062　東京都千代田区神田駿河台3丁目7番地
電話（3291）1676（代）番
振替 00190-3-56669番　FAX（3291）1675番
E-mail：edit@e-surugadai.com
URL：http://www.e-surugadai.com

製版　（株）欧友社
ISBN 4-411-03010-1　C1087　¥2300E